Deutschbuch

Differenzierende Ausgabe

7

Arbeitsheft

Texte schreiben

Texte verstehen

Grammatik

Rechtschreibung

Lernstandstest

Herausgegeben von
Markus Langner und
Andrea Wagener

Erarbeitet von
Esther Akhtari, Friedrich Dick,
Hans-Joachim Gauggel, Ruth Malaka,
Anna Mansfeld und Toka-Lena Rusnok

Name: _____

Klasse: _____

Deutschbuch

Differenzierende Ausgabe

Textquellen

S. 23: Unbekannter Verfasser: Giufa lässt die Kleider speisen. Aus: Schwank aus Italien. Frankfurt a. M.: Fischer Verlag 1979 (sprachlich leicht vereinfacht und an die neue Rechtschreibung angepasst).

S. 27: Nach: Johann Peter Hebel: Seltsamer Spazierritt. Aus: Werke 1. Erzählungen des Rheinländischen Hausfreundes. Frankfurt a. M.: Insel Verlag 1968, S. 23–24.

S. 32: Grafik: Was müsste passieren, damit das Lernen in der Schule noch mehr Spaß macht? FACT-Umfrage im Rahmen der scoyo-Studie „Lernen mit Spaß".

Bildquellen

S. 6 (Hintergrund): Shutterstock.com/Kzenon; **S. 7 o.**(Hintergrund): Imago Stock & People GmbH/Andia; **S. 7:** MTS Sportartikel Vertriebs GmbH; **S. 8** (Hintergrund): mauritius images/Petr Hejna; **S. 9** (Hintergrund): Shutterstock.com/Phant; **S. 10** (Hintergrund): Panther Media GmbH/Jaap Bleijenberg; **S. 11:** mauritius images/alamy stock photo/Cavan Images; **S. 19, 20, 22:** smarticular.net; **S. 31 o.:** Eva-Maria Bast / Bast Medien GmbH; **S. 31 u.:** stock.adobe.com/Franz Gerhard; **S. 32 o.:** Shutterstock.com/tatianasun; **S. 32 u.:** Scoyo GmbH; **S. 35:** dpa Picture-Alliance/Bildarchiv Monheim; **S. 41 o.:** Imago Stock & People GmbH/Westend61; **S. 41 m.:** seasons.agency/Eising Studio; **S. 41 u.:** stock.adobe.com/exclusive-design; **S. 42:** stock.adobe.com/rbkelle; **S. 44 o.:** Shutterstock.com/Olga Guchek; **S. 44 u., 45:** Shutterstock.com/Vins Contributor; **S. 56:** stock.adobe.com/JLO-DESIGN; **S. 74:** Shutterstock.com/Parilov; **S. 104:** stock.adobe.com/Arthur; **S. 108:** Shutterstock.com/ktsdesign; **S. 109 l.:** Shutterstock.com/Veniamin Kraskov; **S. 109 m.:** stock.adobe.com/Denis Feldmann; **S. 109 r.:** Shutterstock.com/Anatolir; **S. 110 (1):** Imago Stock & People GmbH/imagebroker/image-BROKER/TorstenxKrüger; **S. 110 (2):** Shutterstock.com/Jovanovic Dejan; **S. 110 (3 o.):** Shutterstock.com/Jovanovic Dejan; **S. 110 (3 u.):** stock.adobe.com/fefufoto; **S. 110 (4):** Shutterstock.com/Jovanovic Dejan; **S. 110 (5):** Shutterstock.com/Jovanovic Dejan; **S. 112:** Shutterstock.com/NastyaTsy

Impressum

Redaktion: Stefanie Schumacher

Illustrationen:
Maja Bohn: S. 23, 25, 26, 27, 28, 29
Marie Geißler: S. 36, 38, 39, 40, 46, 47, 48, 50, 51, 52, 54, 55, 57, 62, 64, 65, 66, 69, 71, 72, 73
Christiane Grauert: S. 3, 4, 5, hintere Umschlaginnenseite
Alexander von Knorre: S. 78, 80, 82, 86, 87, 89, 90, 91, 94, 96, 97, 99, 101, 106, 107
Susanne Kuhlendahl: S. 15, 16, 17, 18, 33, 34
Matthias Pflügner: S. 6, 7, 8, 9, 10

Umschlaggestaltung: Corinna Babylon und Jule Kienecker (Berlin) unter Verwendung folgender Fotos: Shutterstock/pixelheadphoto digitalskillet (Junge mit Rucksack); Shutterstock/telesniuk (City Frankfurt Skyline); Shutterstock/Vadim Sadovski (Planet); Shutterstock/Oleksiy Mark (Smartphone mit Karte); Shutterstock/Feng Yu (Kompass)

Layout: werkstatt für gebrauchsgrafik, Berlin
Technische Umsetzung: Straive

www.cornelsen.de

1. Auflage, 4. Druck 2024

Alle Drucke dieser Auflage sind inhaltlich unverändert und können im Unterricht nebeneinander verwendet werden.

© 2022 Cornelsen Verlag GmbH, Mecklenburgische Str. 53, 14197 Berlin

Druck: ppm Fulda GmbH & Co. KG, Fulda

ISBN 978-3-06-063426-2

Inhaltsverzeichnis

Einen Informationstext schreiben

Methode ⟩⟩ Einen Informationstext schreiben

Check ⟩

In einem Informationstext beschreibst und erklärst du Sachverhalte knapp und verständlich.
Beachte beim Schreiben eines Informationstextes:

- Hast du den Text in **Einleitung, Hauptteil** und **Schluss** gegliedert? ....□
- Sprichst du in der **Einleitung** die Leser an und nennst das Thema? ....□
- Beantwortet dein Text **wichtige Fragen** der Aufgabenstellung? ....□
- Beschränkst du dich auf **für die Leser bedeutsame Informationen?** ....□
- Sind die Informationen im Hauptteil **sinnvoll angeordnet?** ....□
- Gibst du die Informationen **sachlich** und **in eigenen Worten** wieder? ....□

Einen Informationstext untersuchen

Stand-up-Paddling: Entspannter Wassersport

Surfen, ohne nass zu werden – das wäre eine mögliche Aktivität für unseren sportlichen Projekttag. Stand-up-Paddling (abgekürzt: SUP) ist ein Wassersport, bei dem man im
5 Stehen auf einem etwa zwei Meter langen Surfbrett über das Wasser paddelt.
Als Sommer-Freizeitsport wird das Stehpaddeln immer beliebter. Es kann auf Seen, Flüssen oder dem Meer ausgeübt werden. Mit
10 entsprechender Schutzkleidung ist die Sportart auch bei kühlerem Wetter möglich. Für diesen Trendsport braucht man ein Brett, ein Paddel und eine Leine, die das Board mit dem Körper verbindet. Das Tragen einer Schwimm-

15 weste wird empfohlen. Anfänger nutzen am besten ein breiteres Brett, weil man darauf stabiler stehen kann. Zum Einstieg empfiehlt sich das Paddeln auf flachen, ruhigen Gewässern in Ufernähe. Zunächst trainiert man, sich auf dem wackeligen Brett hinzustellen. Am besten kniet man sich zuerst hin und drückt dabei das Paddel mit beiden Händen auf das Brett. Danach setzt man die Füße auf und richtet sich langsam auf. Wichtig ist es, von Anfang an die korrekte Handhal-
20 tung beim Paddeln zu beachten: Die obere Hand umschließt den runden Griff oben am Paddel, die untere Hand ergreift den Schaft.
Wenn man das gleichmäßige Paddeln geübt hat und auch Drehungen nach links und rechts gelingen, kann man sich weiter vom Ufer wegbewegen.

1 Dieser Informationstext eines Schülers wurde zur Planung eines Projekttags verfasst.

a Lies den Text und markiere Antworten auf die folgenden Fragen in drei Farben:
Was ist Stand-up-Paddling? Welches Zubehör benötigt man? Was sollten Anfänger beachten?

b Unterstreiche fünf Fachbegriffe, die zu der Sportart passen.

 Informiere über eine weitere Sportart. Nutze dazu die Materialien auf ▶ Seite 7
und eine oder mehrere der darauf folgenden Seiten (▶ S. 8–10).

☒☒☒ Informationen in den Materialien markieren

Du willst deine Klasse über den neuen Trendsport Streetboccia informieren.
Du möchtest erklären, ==wie Streetboccia gespielt wird==, ==welches Zubehör man braucht==
und ==warum Streetboccia ein „Sport für alle" ist==.

1 a Was ist Streetboccia? Lies den Text M1.
b Markiere in den Materialien M1–M3 Angaben zu den Bereichen,
über die du informieren sollst, in drei Farben.

M1: Streetboccia: Zielsicher unterwegs in der Stadt

Streetboccia (auch Crossboccia genannt) ist eine moderne Form
des Boule. Anders als bei dem bekannten Spiel mit den Metall-
oder Plastikkugeln ist man beim Streetboccia nicht an ein spezielles Spielfeld gebunden, sondern kann überall in der Stadt
5 spielen, zum Beispiel auf Plätzen oder im Park. Als Spielgerät
dienen handliche, weiche Spielkugeln, die man sowohl rollen
als auch werfen kann. Aufgrund ihrer lockeren Füllung hinterlassen sie in der Umgebung keine Schäden und rollen nicht so leicht weg.
Erfunden wurde Streetboccia von zwei Studenten, die begeisterte Boulespieler waren und nicht
10 immer nur auf Bouleplätzen spielen wollten. Die Spielregeln sind einfach: Alle Spielerinnen
und Spieler erhalten je drei gleiche Bälle. Es wird eine Person bestimmt, die beginnt. Diese wirft
den Marker – den kleinen Zielball, auch „Schweinchen" genannt – von einem selbstgewählten
Startpunkt aus an eine beliebige Stelle. Alle anderen müssen danach ebenfalls von diesem
Punkt aus werfen. Ziel ist es, die Spielbälle so nah wie möglich an den Marker zu werfen. Wer
15 seinen Ball am nächsten an den Zielball geworfen hat, bekommt einen Punkt.
Zusätzliche Punkte gewinnt man, wenn man mit seinen Bällen ein „Bild" wirft. Für einen „Wurm",
bei dem der Ball das „Schweinchen" und gleichzeitig die restlichen eigenen Bälle berührt, erhält
man drei Punkte. Landet eine Kugel komplett auf einer gegnerischen Kugel, so ist das der „Kill":
Die Punktzahl des Gegners wird zurück auf null gesetzt. Um einen Satz zu gewinnen, müssen 13
20 Punkte erzielt werden. Viele Sonderregeln sind möglich: Man kann z. B. festlegen, dass der Ball
über ein Hindernis, über einen Ast oder durch die Beine geworfen werden muss.

M2: Produktbeschreibung: Spielbälle

Obermaterial: robuster Stoff oder Kunstleder
Füllung: Kunststoffgranulat
Größe: 7–8 cm Durchmesser (Marker: 5 cm)
Gewicht: ca. 150 g (Marker: ca. 40 g)
Design: stylisch, modern, fantasievoll, bunt
Eigenschaften:
– griffig durch das knautschige Material
– keine Verletzungsgefahr
– pflegeleicht, waschbar

M3: Aussagen von Spieler/-innen

„Es wird nie langweilig, weil man praktisch überall spielen kann."

„Bewegung, frische Luft, Action – das bringt sogar Sportmuffeln Spaß!"

„Die Extra-Punkte durch Wurfkombinationen bringen Fun!"

„Man kann einzeln oder in Teams spielen – ohne Aufwand oder Vorerfahrung."

Informationen geordnet aufschreiben

1 Plane deinen Informationstext, indem du wichtige Informationen in Stichworten ordnest.
Ergänze dazu die Mindmap mit Hilfe deiner Markierungen von ▶ Seite 7.

Regeln: _____

_____

_____

_____

Sieger: _____

_____

Zubehör / Spielgerät:

_____

_____

_____

_____

_____

Streetboccia

„Sport für alle": _____

_____

_____

2 Formuliere die Einleitung für deinen Informationstext. Bilde aus den Vorgaben ganze Sätze.
Schreibe im Präsens und achte darauf, die Verbform anzupassen, wenn dies nötig ist.

Streetboccia • immer beliebter • als Freizeitsport.

Streetboccia wird _____ .

werfen • an die unmöglichsten Orte. • weiche Bälle • man • dabei

_____

_____

Wie • diese Sportart • funktionieren • und • das Besondere daran • was • sein • ?

_____

_____

✉ Informationen sachlich formulieren

1 Eine Schülerin hat einen Abschnitt für ihren Informationstext formuliert.
a <u>Unterstreiche</u> Textstellen, die umgangssprachlich oder unsachlich formuliert sind.
b Überarbeite den Text in deinem Heft. Nutze die Formulierungen im Kasten.
c Ergänze eine weitere Information zu den Bällen aus dem Material M2 (▶ S. 7).

A Die robusten, weichen Bälle sind das Coolste
beim Streetboccia.

B Durch die weiche, samtartige Außenschicht ist
der Streetboccia-Ball ganz fluffig anzufassen.

C Im Inneren des Balls sind kleine Plastikteilchen.

D Durch den megaleichten Ball und das weiche Material
ist gewährleistet, dass beim Spielen nichts kaputtgeht
und keiner sich wehtut.

- – gut in der Hand liegen
- – das geringe Gewicht des Balls
- – beschädigt werden
- – die Besonderheit
- – befindet sich ein Kunststoff-granulat
- – Verletzungsgefahr bestehen

> rache plus 》

2 Ein weiterer Abschnitt soll über die Regeln beim Streetboccia
informieren.
a Streiche im Textentwurf umgangssprachliche Formulierungen.
b Wo fehlen die korrekten Fachbegriffe? Markiere die Stellen
und ziehe Pfeile zu den Vorgaben am Rand.

> Schreibe **in eigenen Worten.**
> Formuliere so, dass der Text
> **die Leser anspricht,** aber bleibe
> **sachlich.** Verwende **Fachbegriffe.**

Fachbegriffe:

Eine neue/~~mega~~ Trendsportart heißt Streetboccia. Sie benötigt kein
spezielles Gebiet, sondern kann überall durchgeführt/~~gemacht~~ werden.

das Spielfeld

Die Spielerinnen und Spieler kriegen/erhalten je drei weiche Bällchen.

die Spielkugeln

Die Person, die das Spiel eröffnet/loslegt, wirft zunächst die kleine
Sonderkugel an irgendeinen/einen beliebigen Zielort.

der Marker

Einen Punkt kassiert/erzielt der Spieler, dessen Spielball mit dem
geringsten Abstand zur Markerkugel, dem sogenannten „Ferkel", landet.

das „Schweinchen"

Ein spezielles/krasses Wurfbild mit besonderer Anordnung der Spielkugeln rund um den Marker wird mit noch mehr Punkten belohnt.

die Sonderpunkte

Kommt ein Spielball zum Beispiel genau auf einem Spielball der Gegner
runter/zu liegen, so nennt man dieses Wurfbild den „Killer".

der „Kill"

3 a Schreibe den Text aus Aufgabe 2 überarbeitet in dein Heft.
Passe die Form der Fachbegriffe an, wenn es nötig ist.
b Ergänze Informationen zum Wurfbild „Wurm".
Lies dazu im letzten Absatz von Text M1 (▶ S. 7) nach.
So kannst du beginnen:
Wenn der Ball so landet, dass …,
dann nennt man dieses Bild …
Die Spielerin / Der Spieler erhält …

⊠ Einen Informationstext überarbeiten

1 In der Schülerzeitung soll über die Sportart Streetboccia informiert werden.
Untersuche und bearbeite den folgenden Textentwurf mit Hilfe der Hinweise am Rand.
Tipp: Lies noch einmal alle Angaben in der Checkliste auf **S.6** ❯.

Einleitung

❯ Markiere das Thema in der Einleitung.

❯ Kreuze an: Die Einleitung ist …
geeignet. ☐ nicht geeignet. ☐

Hauptteil

❯ Markiere Antworten auf die
Ausgangsfragen in drei Farben
wie auf ▶ Seite 7 angegeben.

❯ Werden nur sinnvolle, sachliche
Angaben gemacht?
Streiche Überflüssiges.

❯ Ist die Reihenfolge der Angaben
sinnvoll?
Markiere Änderungen mit Pfeilen.

Die ganze Stadt als Spielfeld: Streetboccia

Streetboccia ist ein neuer Freizeitsport,
der besonders bei Jugendlichen beliebt ist.
Was braucht man für diese Sportart, zu wem
passt sie und welche Regeln bestimmen das Spiel?
Vielleicht habt ihr euch das auch schon einmal
gefragt.

Als Spielgerät dienen weiche, handliche, wie von
Omi genähte Stoffbälle. Diese müssen möglichst
nah am Zielball, der komischerweise das
„Schweinchen" genannt wird, landen. Nachdem
dieser Marker ausgeworfen wurde, müssen alle
anderen versuchen, ihm mit ihren Bällen möglichst nahe zu kommen. Es gibt keine genauen
Vorgaben, wohin der Ball geworfen werden
muss. Jeder kann selbst entscheiden, wo der
Marker landet. Jeder Spieler erhält drei Bälle.
Wessen Ball dem „Schweinchen" am nächsten
kommt, der erhält einen Punkt. Man kann Streetboccia fast überall spielen – nur nicht ungefragt
in Nachbar Schmidts Garten oder im Museum.

2 Welche Fragen wurden noch nicht beantwortet?
Schreibe die Ergänzungen in dein Heft, z. B.:
Die Spielkugeln sind … und bestehen aus … So …
Streetboccia ist ein Sport „für alle", da …

❯ Nutze deine Markierungen
von ▶ Seite 7.

3 Fasse die Informationen am Ende kurz zusammen.
Bestimmt könnt ihr euch nun gut vorstellen, …
Zusammenfassend …

4 **a** Schreibe mit Hilfe deiner Vorarbeiten den Informationstext
neu in dein Heft. Gehe so vor:
  – Schreibe eine eigene Einleitung.
  – Formuliere den Hauptteil mit Hilfe deiner Vorarbeiten neu.
    Achte auf eine sinnvolle Reihenfolge der Informationen.
  – Schreibe einen passenden Schluss mit einem abschließenden
    Gedanken, z. B.: Wollt ihr auch einmal …? Dann …
  b Prüfe deinen Text abschließend mit der Checkliste auf **S.6** ❯.

➕ **5** Würdest du Streetboccia gern einmal ausprobieren?
Begründe deine Meinung im Heft.

In einem Forumsbeitrag Stellung nehmen

Einen Forumsbeitrag untersuchen

1 Lies den Forumsbeitrag zum Thema „Mensa-Regeln" aus einem Online-Magazin.

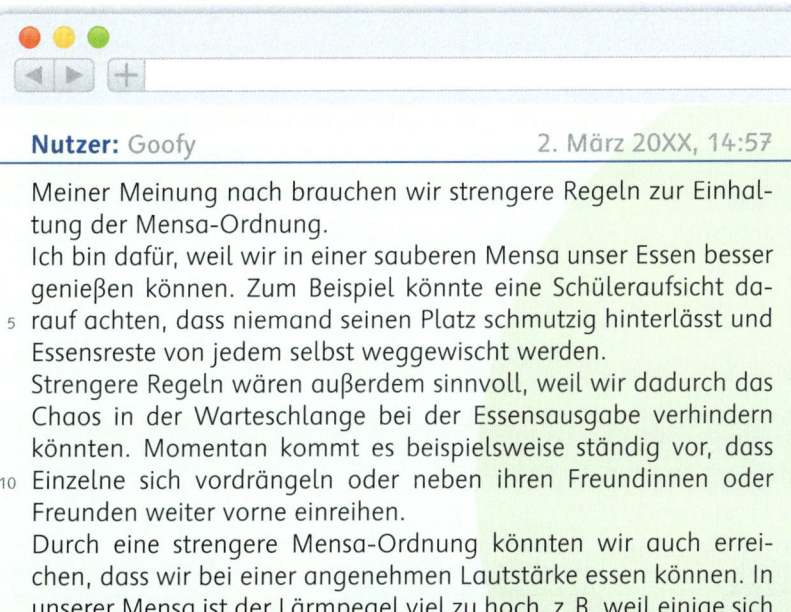

Nutzer: Goofy   2. März 20XX, 14:57

Meiner Meinung nach brauchen wir strengere Regeln zur Einhaltung der Mensa-Ordnung.
Ich bin dafür, weil wir in einer sauberen Mensa unser Essen besser genießen können. Zum Beispiel könnte eine Schüleraufsicht da-
5 rauf achten, dass niemand seinen Platz schmutzig hinterlässt und Essensreste von jedem selbst weggewischt werden.
Strengere Regeln wären außerdem sinnvoll, weil wir dadurch das Chaos in der Warteschlange bei der Essensausgabe verhindern könnten. Momentan kommt es beispielsweise ständig vor, dass
10 Einzelne sich vordrängeln oder neben ihren Freundinnen oder Freunden weiter vorne einreihen.
Durch eine strengere Mensa-Ordnung könnten wir auch errei- chen, dass wir bei einer angenehmen Lautstärke essen können. In unserer Mensa ist der Lärmpegel viel zu hoch, z. B. weil einige sich
15 laut über die Tische hinweg zurufen, sodass die Mittagspause oft nicht entspannend ist.
Zusammenfassend lässt sich sagen, dass das Mittagessen in einer sauberen, freundlichen und ruhigen Umgebung viel angenehmer wäre. Daher schlage ich vor, dass wir die Mensa-Ordnung regelmäßig in den Klassen besprechen und eine Schüleraufsicht zur Einhaltung der Regeln einrichten.

2 Welche inhaltlichen Bestandteile hat der Forumsbeitrag? Markiere wie angegeben:
Meinung des Verfassers, Argumente (Begründungen), Beispiele, Schlussteil mit Forderung/Vorschlag.

3 Untersuche die Sprache des Forumsbeitrags.
Unterstreiche Satzverknüpfungen und umkreise Signalwörter für Beispiele.

 Schreibe einen eigenen Forumsbeitrag. Nutze dazu eine oder mehrere der folgenden Seiten (▶ S. 12–14).

☒ Lehrkräfte duzen? – Meinung, Argument, Beispiel

1 In einem Forumsbeitrag geht es um die Frage, ob Schülerinnen und Schüler ihre Lehrkräfte im Unterricht duzen, also mit „du" statt mit „Sie" anreden sollten.

a Lies die Argumente aus einer Klassendiskussion.

b Bist du für oder gegen das Duzen der Lehrkräfte? Notiere deine Meinung im grünen Kasten.

c Wie kannst du deine Meinung begründen? Notiere 2–3 Argumente in Stichworten.

d Ergänze zu einem der Argumente ein passendes Beispiel in Stichworten.

Ich finde das Duzen unhöflich.

Durch die „Sie"-Form zeigt man Respekt.

Das Duzen schafft Vertrauen.

Die „Du"-Form macht mir Mut, mich im Unterricht zu beteiligen.

Erwachsene sollte man immer siezen.

Das „Du" steht für ein partnerschaftliches Verhältnis.

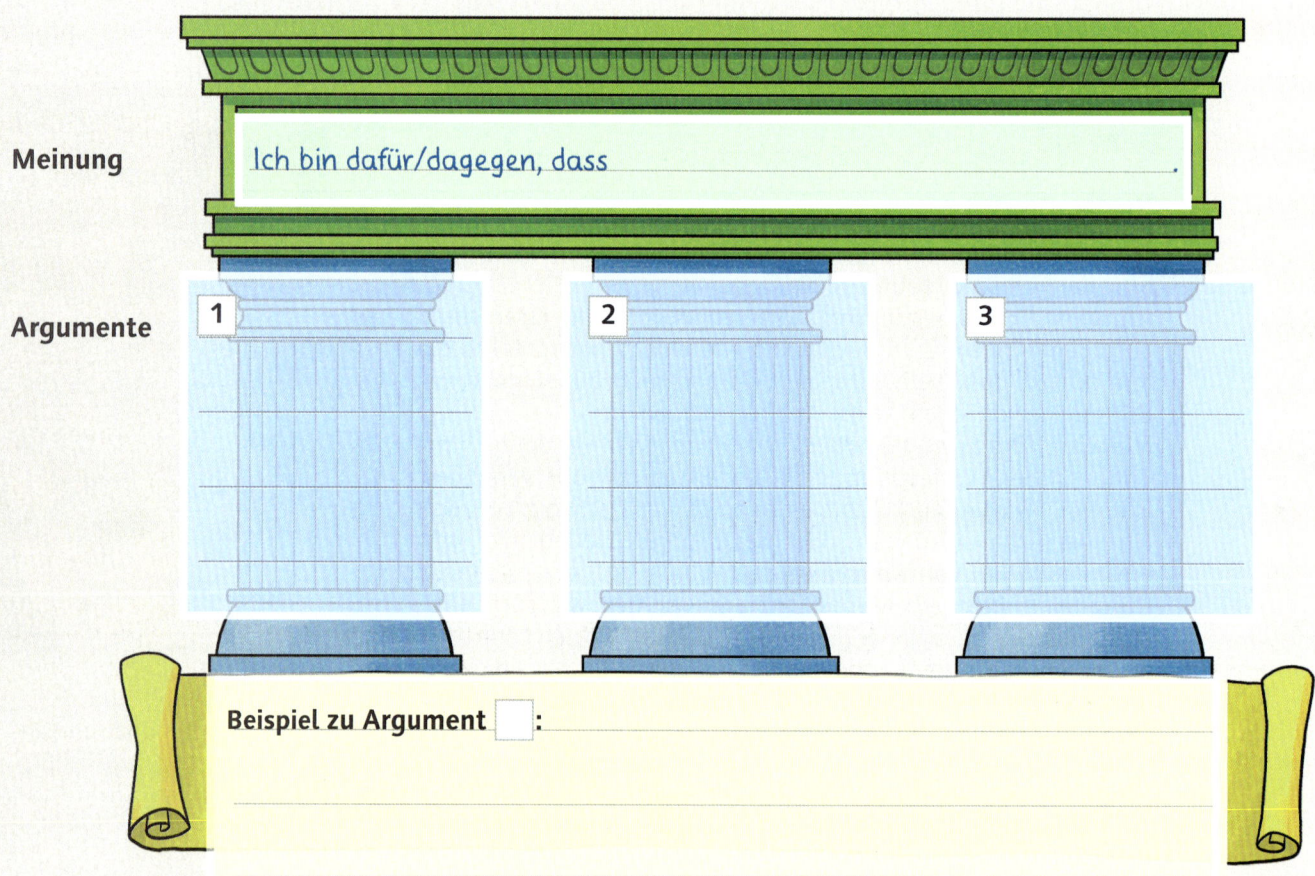

Meinung

Ich bin dafür/dagegen, dass _____.

Argumente

1   2   3

Beispiel zu Argument ☐ : _____

2 Deine Argumente kannst du zu einem zusammenhängenden Text ausformulieren.

a Markiere im folgenden Forumsbeitrag die Meinung grün und das Argument blau.

> Meiner Meinung nach sollten wir unsere Lehrkräfte duzen dürfen. Das Duzen ist sinnvoll, weil dadurch mehr Vertrauen zwischen Schülern und Lehrern einer Klasse entsteht.

b Schreibe deine Meinung ins Heft und formuliere zwei deiner Argumente aus, z. B.:
– Ich bin für/gegen das Duzen, weil … – Für/Gegen das Duzen spricht außerdem, dass …

⊠ Argumente mit Beispielen verknüpfen

Zu der Frage, ob Lehrkräfte von ihren Schülerinnen und Schülern geduzt werden sollen,
hat sich ein Schüler Argumente notiert. Diese möchte er mit Beispielen verknüpfen.

Argumente:
– Der Respekt gegenüber
  Lehrkräften geht durch das
  Duzen verloren.
– Erwachsene werden immer
  mit „Sie" angesprochen.
– Die Schule soll uns auf das
  Arbeitsleben vorbereiten.
– Nur durch die „Du"-Form allein
  bessert sich das Verhältnis nicht.

Beispiele:
– Praktikum/Beruf: Es ist wichtig,
  die Anrede mit „Sie" gut zu
  beherrschen.
– Manche Schüler glauben dann, sich
  alles erlauben zu können.
– Vertrauen entsteht durch Handeln:
  Hilfsbereitschaft, Freundlichkeit, …
– Die „Sie"-Form schafft höflichen
  Abstand im Alltag (Bäckerei, Arzt-
  praxis, Nachbarschaft).

1 **a** Lies die Argumente des Schülers. Welcher Meinung ist er? Kreuze an.

Er ist der Meinung, dass Jugendliche ihre Lehrkräfte … ☐ duzen sollten. ☐ nicht duzen sollten.

b Ordne jedem Argument mit einer Linie ein passendes Beispiel zu.

‹‹ rache plus ››

2 Wähle ein Argument aus Aufgabe 1 aus und
verknüpfe es mit dem passenden Beispiel.
Verwende dazu die Konjunktionen *dass*.
Tipp: Achte auf die richtige Wortstellung.

> Nutze zum Formulieren von Beispielen
> diese Signalwörter: *beispielsweise,*
> *zum Beispiel, z. B.*

Meinung: Meiner Meinung nach sollten Lehrkräfte nicht geduzt werden.

Argument:		Beispiel:
Ein Argument gegen das Duzen ist, …	**dass** der Respekt gegenüber Lehrkräften verloren geht.	**Zum Beispiel** glauben manche Schüler dann, sich im Unterricht oder auf Ausflügen alles erlauben zu können.

Gegen das Duzen spricht auch, **dass** _____

_____

_____

_____

_____

3 Verknüpfe im Heft weitere Argumente und Beispiele aus Aufgabe 1 mit der Konjunktion *weil*, z. B.:
Das Duzen ist nicht sinnvoll, weil … Das zeigt sich beispielsweise …
Außerdem ist das Duzen problematisch, weil … Zum Beispiel …

☒ Argumenten zustimmen oder widersprechen

Sollten Schülerinnen und Schüler ihre Lehrkräfte duzen?
Du willst in einem Forumsbeitrag begründet dazu Stellung nehmen.

Tarek: Lehrkräfte werden nicht ernst genommen, wenn man sie duzt. ☐

Luna: Ich fühle mich sicherer, wenn ich meine Lehrkräfte duze. P

Max: Lehrkräfte müssen Noten geben. Durch das „Du" geht der sachliche Blick verloren. ☐

Lin: Zum vertrauensvollen Lernen gehört, dass man sich duzt. ☐

_____
_____
_____

Kim: Nur weil man sich duzt, heißt das nicht, dass man sich vertraut. ☐

1 **a** Lies die Begründungen aus einer Klassendiskussion. Wer ist für das Duzen (pro), wer dagegen (kontra)? Notiere in den Kästchen **p** für pro und **k** für kontra.

b Was ist deine eigene Position zum Thema? Kreuze an: ☐ pro (dafür) ☐ kontra (dagegen)

c Schreibe eine Begründung für deine Meinung auf den leeren Notizzettel.

2 In der folgenden Übersicht wurden Argumente und Beispiele gesammelt.

a Kreuze an, welche Stichworte zu deiner Meinung passen, und ergänze zwei weitere Ideen.

Argumente	Beispiele
☐ Lehrer als „Kumpel" sehen	Vertretungsstunden, Ausflüge
☐ „Du" stärkt den Mut	selbstbewusster im Unterricht (Mitarbeit)

b Formuliere deine Argumente im Heft aus. Beziehe dich auf die Schüleraussagen. Gehe so vor:

– **Stimmst du zu**, bestärke die Schülermeinung und nenne ein eigenes Argument, z. B.:
Ich bin wie X der Meinung, dass … Dafür spricht auch die Tatsache, dass …

– **Lehnst du ab**, dann gehe auf das Argument ein und entkräfte es mit einem Gegenargument, z. B.:
Ich teile Xs Meinung nicht, und zwar aus folgendem Grund: …

3 Schreibe mit Hilfe deiner Vorarbeiten einen kompletten Forumsbeitrag in dein Heft.

a Gib in der Einleitung die **Streitfrage** wieder und nenne deine **eigene Meinung** dazu.

b Fahre im **Hauptteil** mit 2–3 Argumenten und 1–2 passenden Beispielen fort.

c Fasse im **Schlussteil** deine Meinung noch einmal knapp zusammen.

d Prüfe deinen Beitrag mit Hilfe der Checkliste auf S. 11.

➕ 4 Sollte an deiner Schule mehr für ein respektvolles Miteinander getan werden? Schreibe deine Meinung auf und begründe sie mit zwei Argumenten.

Eine Person beschreiben

Eine Personenbeschreibung untersuchen

Die Breakdancerin ist ungefähr 15 Jahre alt und mittelgroß.
Sie hat ein ovales Gesicht und schulterlange braune Haare, die zu Zöpfen geflochten sind. Auf ihrem Kopf trägt sie eine grüne Schirmmütze, aus der die Zöpfe und ein schräg geschnittener Pony herausragen. Sie ist
5 mit einem grasgrünen T-Shirt bekleidet. Dieses hat einen V-Ausschnitt und sitzt sehr locker an ihrem Körper. Das Mädchen trägt eine blaue, weite Jeans, die Risse an den Knien hat. Die Hose wird durch einen schmalen Gürtel gehalten. Die Hosenbeine sind an den Knöcheln hochgekrempelt. An den Füßen trägt das Mädchen gelbe Stoffschuhe
10 mit einer weißen Spitze und schwarzen Schnürsenkeln.
Die Tänzerin wirkt lässig und sportlich. Es scheint, als wäre sie ganz in die Musik vertieft, zu der sie sich gerade tanzend bewegt.

1 Lies die Personenbeschreibung aus einem Modeblog. Kreuze die zutreffende Aussage an.

Die Person ist in keiner besonderen Reihenfolge beschrieben. ☐

Die Person ist in einer geordneten Reihenfolge von unten nach oben beschrieben. ☐

Die Person ist in einer geordneten Reihenfolge von oben nach unten beschrieben. ☐

Die Person ist geordnet von links nach rechts beschrieben. ☐

2 Untersuche die Beschreibung genauer und kennzeichne die Bestandteile wie angegeben:
- **a** Unterstreiche alle allgemeinen Angaben, die du über die Person erhältst.
- **b** Markiere alle Angaben, die du über das Aussehen und über die Kleidung der Person erhältst.
- **c** Markiere besondere Details der Beschreibung mit einer Wellenlinie.
- **d** Markiere, wie die Wirkung der Tänzerin beschrieben wird.

 Formuliere eine eigene Personenbeschreibung. Nutze dazu eine oder mehrere der folgenden Seiten (▶ S. 16–18).

✗ Die Kleidung einer Person genau beschreiben

1 Was trägt die Bloggerin? Beschrifte die Abbildung mit den Angaben aus dem Kasten.

> der Pullover • der runde Ausschnitt • der Rucksack • zwei Knoten • hochgesteckt • die Jeans •
> die Sterne • die Turnschuhe • weiße Sohlen • knöchellang • zwei Taschen • blau •
> hellblau • rot • gelb

2 Lies die Einleitung für eine Personenbeschreibung. Markiere die passenden Beschreibungen.

Die Bloggerin ist ungefähr **16 Jahre alt / 6 Jahre alt** und etwa **1,60 m / 198 cm** groß.
Ihre **dunkelbraunen / schwarzen** Haare sind **kurz / zu zwei Knoten hochgesteckt.**

Sprache plus ›

3 Formuliere aus den Vorgaben Sätze. Verwende das Verb *tragen* + Akkusativ.

> Jeans • hellblau • knöchellang • zwei Taschen

Sie **trägt** eine _____, _____ Jeans, die hinten _____ hat.

> Pullover • rot • runder Ausschnitt

Sie **trägt** einen _____, der _____ hat.

> Turnschuhe • blau • weiße Sohlen

_____, die _____ haben.

> Rucksack • gelb • mit Sternen bedruckt

_____, der _____ ist.

✉ Ein Gesicht genau beschreiben

1 Für eine Modenschau auf dem Schulfest möchte die Siebtklässlerin Nora ein Umstyling machen. Sieh dir das Bild an und markiere alle Begriffe, die Noras Gesicht passend beschreiben.

Gesichtsform	Haare
oval • schmal • länglich • rund	schwarz • braun • blond • rotblond • glatt • lockig • wellig

Augenfarbe	Frisur
blau • braun • grün • grau • schwarz	kurz • lang • schulterlang • der Zopf • der schräge/gerade Pony • der Knoten • in Fransen • zipfelig • zum Pferdeschwanz gebunden • nach hinten gekämmt • hochgesteckt

Besonderheiten	Gesichtsausdruck	Wirkung
die Brille • die Narbe • die Sommersprossen •	freundlich • lächelnd • ernst • schüchtern • fröhlich • nachdenklich	aufgeschlossen • streng • frech • elegant • flippig • lässig • sympathisch • modern • erwachsen

2 Beschreibe das Gesicht von Nora möglichst genau. Nutze die von dir markierten Wörter.

Nora ist etwa _____ Jahre alt. Ihre _____ Haare sind

_____ und _____. Das Mädchen hat eine _____

Gesichtsform und _____ Augen. Als Besonderheiten fallen ihre _____

_____ und die _____ auf. Nora hat einen

_____ Gesichtsausdruck und wirkt _____.

3 Nora hat neue Looks ausprobiert. Beschreibe die Frisuren und ihre Wirkung. Nutze Begriffe aus Aufgabe 1.

Look A

Nora trägt ihre Haare hier _____

_____.

Dieser Look lässt sie _____

_____ und

_____ wirken.

Look B

Noras Haare sind _____

_____

_____, der Pony fällt

_____ ins Gesicht.

Dies wirkt _____

und _____.

⊠ Eine Person vollständig beschreiben

1 Ein Schüler möchte in seinem Portfolio einen Jugendlichen aus einer Zeitschrift beschreiben.

a Prüfe, zu welchen Merkmalen du etwas schreiben kannst. Streiche die anderen Merkmale durch.

b Notiere Stichworte zu den Merkmalen.

Tipp: Du kannst die Begriffe auf ▶ Seite 17/Aufgabe 1 und den Kasten unten als Hilfe nutzen.

c Ordne die Merkmale in einer sinnvollen Reihenfolge. Notiere dazu Nummern von 1–6 in den Kästchen.

☐	Gesicht/Gesichtsausdruck:
☐	Name:
☐	Größe:
☐	Haare/Frisur:
☐	ungefähres Alter:
☐	Wirkung:
☐	Hobbys:
☐	Körperhaltung:
☐	Kleidung:

das Sweatshirt • die Baseballjacke • eng geschnitten • der Kragen • zweifarbig • gestreift • die Sneaker • weiß • hellgrau • dunkelblau • türkis • der Stufenschnitt • sportlich • lässig • geheimnisvoll • nachdenklich • modisch • aufrecht • die Hände in den Jackentaschen

2 a Verfasse eine Personenbeschreibung mit Einleitung, Hauptteil und Schluss in deinem Heft.

Tipp: Lies noch einmal in der Checkliste auf S.15 ▶. Du kannst die folgenden Hilfen nutzen.

▶ **Einleitung:** allgemeine Angaben	Der Junge ist ungefähr … alt.
▶ **Hauptteil:** – Kopf – Kleidung – Körperhaltung	Er hat ein … Gesicht mit … Seine Haare sind … Die Frisur ist … Er trägt … Diese ist … Unter der Jacke … Dazu kombiniert er eine … An den Füßen …
▶ **Schluss:** Wirkung der Person	Der Junge wirkt …

b Prüfe deine Personenbeschreibung mit Hilfe der Checkliste auf S.15 ▶.

3 Recherchiere im Internet nach dem Foto einer Bloggerin/eines Bloggers oder eines Stars. Beschreibe die Person in deinem Heft und erkläre, wie ihr Äußeres auf dich wirkt.

Einen Vorgang beschreiben

Lavendeldruck – Die Schritte eines Vorgangs verstehen

1 Mit einer Laserkopie und Lavendelöl kannst du ganz einfach ein T-Shirt bedrucken.
Sieh dir die Bilder genau an. Ordne jedem Bild mit einer Linie eine passende Erklärung zu.

A mit Kochlöffel kräftig
reiben • fest aufdrücken

B Papier zur Kontrolle vorsichtig
anheben • Papier entfer-
nen • trocknen lassen

C Backpapier auf Motiv
auflegen • mit Bügeleisen
bügeln • waschbar bei 30°C

D Material: T-Shirt, Laserkopie,
Lavendelöl, Pinsel, Kochlöffel;
außerdem: Klebeband,
Backpapier, Bügeleisen

E Backpapier in das T-Shirt
schieben • Motiv umgedreht
auflegen • mit Klebeband
fixieren

F Lavendelöl auf Vorlage
tropfen • mit Pinsel verstreichen

2 Schreibe mit Hilfe von Bild 1 einen passenden Einleitungssatz.

1 | Für den Lavendeldruck brauchst du _____ und _____ mit

einem schönen Motiv. Außerdem benötigst du _____

 Schreibe eine vollständige Vorgangsbeschreibung für ein Schülermagazin.
Nutze dafür eine oder mehrere der folgenden Seiten (▶ S. 20–22).

☑ Aktiv- und Passivformen verwenden

1 Markiere die Überschrift, die den Vorgang genauer beschreibt.

Ein T-Shirt bedrucken	T-Shirts mit dem Lavendeldruck verschönern

2 Die folgende Vorgangsbeschreibung zum Lavendeldruck muss vervollständigt werden.
a Ergänze den Text mit den Verben in der richtigen Form.
b Markiere die Passivformen.
    Tipp: Lies die hintere Umschlaginnenseite zum Thema „Aktiv und Passiv".

> Das **Passiv** bildet man aus einer Form von *werden* + *Partizip II*, z. B.: *machen* ➞ es **wird gemacht.**

Wähle dein Wunschmotiv aus und drucke es mit einem Laserdrucker auf Papier aus.

Nun ist alles vorbereitet und du kannst beginnen:

2 Als Erstes *schiebst* (schieben) du ein Stück Backpapier in das T-Shirt. Als Nächstes

_____ (kleben) du das Motiv umgedreht mit Klebestreifen auf das T-Shirt.

3 Zuerst _____ (tropfen) du das Lavendelöl vorsichtig auf das Papier.

Danach **wird** das Öl gleichmäßig mit einem Pinsel **aufgetragen** (auftragen).

Dann _____ (reiben) du das Öl mit einem Kochlöffel kräftig ein.

4 Du _____ (müssen) den Löffel fest aufdrücken, damit das Motiv vollständig

_____ _____ (übertragen).

Anschließend _____ (kontrollieren) du, ob das Motiv auf dem Stoff sichtbar

5 _____ (sein). Dafür _____ (müssen) du es vorsichtig anheben.

Schließlich _____ (lassen) du das T-Shirt trocknen.

6 Nun _____ (müssen) du das Motiv mit einem Bügeleisen

bügeln. Abschließend _____ (können) du das Papier

entfernen. Das bedruckte T-Shirt kann bei 30°C in der

Maschine _____ _____ (waschen).

Viel Spaß beim Tragen!

3 Gib im Schlussteil weiterführende Hinweise. Kreuze jeweils die passende Fortsetzung an.

Du darfst nicht zu viel Öl verwenden, weil …	☐ es sehr teuer ist.
	☐ das Motiv sonst verschwimmt.
Das Motiv darf nicht verrutschen, darum …	☐ musst du vorsichtig arbeiten.
	☐ musst du sehr schnell arbeiten.
Am Ende muss das Motiv gebügelt werden, denn …	☐ dadurch wird die Farbe im Stoff fixiert.
	☐ ein T-Shirt sollte schön glatt sein.

⊠ Zusammenhänge durch Verknüpfungen darstellen

1 Die Überschrift einer Vorgangsbeschreibung sollte sachlich, knapp und genau sein.
Streiche Überflüssiges in der folgenden Überschrift.
Let's fetz! T-Shirts oder alte Klamotten im Handumdrehen mit Lavendelöl bedrucken

▶rache plus ▶

2 Eine Vorgangsbeschreibung wirkt eintönig, wenn zu häufig *dann* verwendet wird.
a Markiere die Wiederholungen des Zeitadverbs *dann* in den folgenden Sätzen zu Schritt 1 und 2.
b Schreibe den Text mit abwechslungsreicheren Zeitadverbien neu auf. Nutze die Wörter im Kasten.

1 Dann schiebst du ein Stück Backpapier in das T-Shirt. Dann klebst du
das Motiv umgedreht mit Klebestreifen auf den Stoff.
2 Dann tropfst du das Lavendelöl auf die Vorlage. Dann verstreichst
du es gleichmäßig mit einem Pinsel.

> ~~zunächst~~ • anschließend •
> danach • nachdem •
> schließlich • als Nächstes

Zunächst schiebst du _____

_____

_____

_____

3 Schreibe die folgenden Aktivsätze ins Passiv um. Nutze die Hilfen aus dem Kasten.
Tipp: Unterstreiche zuerst die Verbform im Aktivsatz. Manchmal hat sie zwei Teile.

3 Anschließend reibst du das Öl mit einem Kochlöffel ein .

> ~~eingerieben~~ • gebügelt •
> aufgedrückt • gelegt •
> angehoben • entfernt

Anschließend wird das Öl mit einem Kochlöffel eingerieben.

Du musst den Löffel fest aufdrücken.

Der Löffel wird _____.

4 Zur Kontrolle hebst du das Papier vorsichtig an.

Zur Kontrolle wird _____.

Schließlich entfernst du das Papier.

_____.

5 Nach dem Trocknen legst du ein Backpapier auf das Motiv.

Nach dem Trocknen wird ein Backpapier _____

Zum Schluss bügelst du das T-Shirt. _____.

4 Formuliere einen weiterführenden Schlusssatz im Heft. Wähle dafür eine der folgenden Ideen.

> statt T-Shirt: Stofftasche • Schriften in Spiegelschrift ausdrucken • Lavendelöl: in Drogerien

⊠ Eine vollständige Vorgangsbeschreibung verfassen

1 Formuliere eine passende Überschrift für die Vorgangsbeschreibung.

_____

2 Bereite die Vorgangsbeschreibung vor: Bilde Aktiv- und Passivformen zu den Arbeitsschritten.

Arbeitsschritt	Aktiv	Passiv
Motiv aufkleben	Du klebst das Motiv auf.	Das Motiv wird aufgeklebt.
Lavendelöl auf die Vorlage tropfen	Du tropfst Lavendelöl auf die Vorlage.	Lavendelöl wird
Öl gleichmäßig verstreichen	Du	Das Öl
Kochlöffel fest aufdrücken	Du	
Papier anheben		
Papier entfernen		
Motiv bügeln		

3 Schreibe den Hauptteil der Vorgangsbeschreibung ins Heft. Nutze deine Vorarbeiten aus Aufgabe 2 und von ▶ Seite 19.
– Formuliere abwechslungsreich im Aktiv und Passiv.
– Gib die Reihenfolge der Arbeitsschritte mit passenden Zeitadverbien aus dem Kasten an.

> zunächst • anschließend •
> während • danach •
> nachdem • schließlich •
> als Nächstes • später

4 Formuliere weiterführende Hinweise für den Schluss der Vorgangsbeschreibung.
a Ordne den Handlungsschritten 1–4 mit Linien die passenden Erklärungen A–D zu.
b Verbinde die Sätze im Heft. Nutze die Verknüpfungswörter aus dem Kasten.

> denn • weil •
> damit • um zu •
> sodass

1 Das Motiv muss gut festgeklebt werden.

A Durch zu viel Flüssigkeit kann das Motiv verschwimmen.

2 Verwende nicht zu viel Öl.

B Das Motiv wird durch die Hitze auf dem Stoff fixiert.

3 Achte darauf, dass du den Löffel fest aufdrückst.

C Es soll bei der Arbeit nicht verrutschen.

4 Bügele das T-Shirt am Ende.

D So wird das Motiv vollständig auf den Stoff übertragen.

5 Prüfe deine Vorgangsbeschreibung mit der Checkliste auf S. 19▶.

Information **Eine Kalendergeschichte lesen und verstehen**

Check

Kalendergeschichten wurden früher zur Unterhaltung der Leute in Kalendern veröffentlicht. Durch genaues Lesen kannst du die folgenden Textmerkmale nachweisen:

- Es handelt sich um eine **kurze, unterhaltsame und belehrende Geschichte.** ....
- Sie erzählt von **ungewöhnlichen, lustigen oder traurigen Begebenheiten.** ....
- Sie zeigt die **Stärken und Schwächen der Menschen** im Umgang miteinander. ....
- Sie endet mit einer **überraschenden Wendung** (Pointe). ....
- Sie enthält oft eine **Lehre**, die zum Nachdenken anregt. ....

Eine Kalendergeschichte lesen

Unbekannter Verfasser (19. Jh.)

Giufa lässt die Kleider speisen

Giufa, einem stets unordentlichen Jungen, waren alle Leute immer aus dem Weg gegangen; und wenn er gelegentlich in einem Bauernhof anklopfte und um ein Stück Brot bat, jagte man die Hunde
5 auf ihn. Meist bellten die Hunde nur hinter ihm drein, aber eines Tages geschah es, dass sie wirklich auf ihn losfuhren und ihm die Hosen in Stücke zerrissen. Zerfetzt, wie er war, wagte er sich tagsüber nicht ins Dorf und kam erst zur Nachtstunde
10 heim.

„Wer hat dich so zugerichtet?", fragte die Mutter.

„Die Stacheln", sagte Giufa.

„Nein, die Stacheln reißen nicht so."

„Dann eben die Hunde … "
15 Und damit erzählte er sein böses Erlebnis im Bauernhof. Da ärgerte sich die Mutter, verschaffte Giufa am nächsten Morgen eine feine Hose und eine Samtweste und schickte ihn in denselben Bauernhof.
20 Giufa klopfte an, man machte auf und lud ihn an den Mittagstisch ein. Die Tochter lächelte ihm zu und alle sagten ihm hundert Höflichkeiten. Als aber die Mahlzeit aufgetragen wurde, da steckte Giufa die guten Sachen mit der Linken in den Mund und mit der Rechten füllte er die Taschen 25 und den Hut. Dazu sagte er: „Speist nur, teure Kleider, speist, denn nicht ich bin's, sondern ihr seid's, die sie eingeladen haben!"

Die Bauersleute blickten betreten auf die Teller und schwiegen. Nach dem Essen stand Giufa auf und 30 sagte: „Meine Kleider danken euch für den köstlichen Braten." Die Bauersleute schauten beschämt zu Boden; aber die Mutter, mit der er am Abend die heimgebrachten Sachen verspeiste, sagte: „Kleider machen wirklich Leute, und es ist nur schade, dass 35 du und deinesgleichen es nicht verstehen wollt."

1 **a** Lies die Kalendergeschichte genau.

b Worum geht es im Text? Kreuze an, welche der folgenden Aussagen den Inhalt besser trifft.

☐ Es geht um das spannende Erlebnis eines unordentlichen Jungen auf einem Bauernhof.

☐ Es geht um den Jungen Giufa, der je nachdem, wie er gekleidet ist, unterschiedlich behandelt wird.

 Erarbeite den Inhalt der Kalendergeschichte mit Hilfe der folgenden Seiten (▶ S. 24–26).

⊠ Den Inhalt der Kalendergeschichte verstehen

1 Was steht im Text (▸ S. 23)? Kreuze an, ob die Aussagen richtig (r) oder falsch (f) sind.   r f

A Der unordentliche Giufa bettelt manchmal auf Bauernhöfen um Brot. .... ☐ ☐

B Auf einem Bauernhof wird Giufa verjagt und die Hunde zerreißen seine Hose. .... ☐ ☐

C Die Mutter rät ihm, sich auf dem Bauernhof nie mehr blicken zu lassen. .... ☐ ☐

D Der fein gekleidete Giufa wird auf dem Bauernhof zum Essen eingeladen. .... ☐ ☐

E Giufa rührt die angebotenen Speisen nicht an. .... ☐ ☐

F Die Bauersleute reagieren beschämt auf Giufas ungewöhnliches Verhalten. .... ☐ ☐

2 Wie kann man den Titel „Giufa lässt die Kleider speisen" erklären? Kreuze Antwort A oder B an.

| ☐ **A** Giufa stopft seine Kleidung mit Essen voll, um die Bauersleute zum Lachen zu bringen. | ☐ **B** Giufa tut so, als wären seine Kleider und nicht er selbst zu Gast am Tisch, um den Bauersleuten eine Lehre zu erteilen. |

Sprache plus ▸

3 Die Geschichte enthält schwierige Wörter. Manche kannst du aus dem Zusammenhang klären.
Lies die beiden folgenden Stellen im Text nach. Kreuze an, welche Erklärung jeweils am besten passt.

Wer hat dich so **zugerichtet?** (Z. 11)   ☐ verletzt   ☐ zurechtgemacht   ☐ angezogen

… du und **deinesgleichen** (Z. 36)   ☐ alle anderen   ☐ Leute wie du   ☐ deine Familie

4 Du kannst schwierige Wörter auch nachschlagen.

a Verben stehen im Wörterbuch in der Grundform (Infinitiv). Wonach musst du bei den folgenden Sätzen suchen? Markiere die Verbform und notiere die Grundform, z. B.:
sie fuhren auf ihn los – losfahren.

[…] um ein Stück Brot bat. (Z. 4)	
[…] und man […] lud ihn […] ein. (Z. 20–21)	
Die Bauersleute […] schwiegen. (Z. 29–30)	

b Manchmal gibt das Wörterbuch zwei Bedeutungen an. Markiere jeweils die passende Bedeutung.

Textstelle	Einträge im Wörterbuch
[…], aber eines Tages geschah es, dass [die Hunde] auf ihn **losfuhren** … (Z. 6–7) ⟶ losfahren	a. ein Fahrzeug beginnt sich zu bewegen b. jemanden wütend angreifen
Als die Mahlzeit **aufgetragen** wurde, […] (Z. 22–23) ⟶ auftragen	a. Kleidung so lange tragen, bis sie kaputt ist b. etwas auf den Esstisch bringen, servieren
Die Bauersleute blickten **betreten** […] (Z. 29) ⟶ betreten	a. in einen Raum hineingehen (Verb) b. verlegen, beschämt (Adjektiv)

✉ Merkmale von Kalendergeschichten erkennen

1 Vergleiche die beiden Besuche Giufas auf dem Bauernhof.
Vervollständige die folgende Übersicht in Stichworten.

	Wie sieht Giufa aus?	Was macht Giufa?	Was geschieht mit ihm?
erster Besuch	– Seine Kleidung ist _____ . – Alle gehen ihm _____	– Er bettelt um _____ _____ .	– Er wird _____ . – Hunde _____ .
zweiter Besuch	– Seine Mutter kleidet ihn in _____ _____ .	– Er _____ _____ .	– Er wird _____ – Er isst mit _____ . – Man behandelt ihn _____ .

2 Enthält die Geschichte typische Merkmale einer Kalendergeschichte?
Prüfe die folgenden Aussagen. Markiere jeweils den zutreffenden Satz.
Aus den Buchstabengruppen ergibt sich als Lösungswort etwas Essbares: _____

1	Es ist eine ausführliche und komplizierte Geschichte. (TE)	Es ist eine kurze und unterhaltsame Geschichte. (BR)
2	Die Geschichte erzählt von einem mutigen Helden. (LL)	Die Geschichte zeigt menschliche Stärken und Schwächen. (AT)
3	Eine eher ungewöhnliche Begebenheit wird erzählt. (EN)	Es wird meist von einem komplett unmöglichen Geschehnis erzählt. (ER)

3 Was ist bei Giufas zweitem Besuch auf dem Bauernhof überraschend?
Lies noch einmal deine Stichworte aus Aufgabe 1 und vervollständige die folgenden Aussagen.

Beim ersten Besuch wird Giufa _____ .

Man erwartet beim Lesen, dass er auch beim zweiten Besuch _____

Aber diesmal _____ .

Dies liegt nur daran, dass _____

_____ .

⊠ Den Wendepunkt und die Lehre erschließen

1 Beim Mittagessen auf dem Bauernhof kommt es zu einer überraschenden Wendung in der Geschichte. Ergänze die passenden Erklärungen für Guifas Verhalten.

Verhalten	Erklärung
Giufa fordert seine Kleider auf, zu essen: „Speist nur, denn […] ihr seid's, die sie eingeladen haben!" (Z. 26–28)	Giufa will verdeutlichen, dass er nur wegen _____ _____ und nicht _____ .
Die Bauersleute blicken schweigend auf ihre Teller. (vgl. Z. 29)	Es ist ihnen _____, dass Giufa sie durchschaut hat. Sie schämen sich, weil _____ .

2 Erkläre die überraschende Wendung (Pointe) der Geschichte in einem kurzen Text im Heft. Gib das Geschehen knapp wieder und nenne die Textstelle. Du kannst diese Satzanfänge nutzen:
Während … (Z. 22–28) … kommt es zur überraschenden Wendung: Giufa spricht zu … und fordert sie auf, … Er sagt, eingeladen sei eigentlich nicht er selbst, sondern …
Als die Bauersleute das hören, … Denn sie merken, dass ihr feiner Gast derselbe Junge ist, den sie … Sie erkennen, dass ihr Verhalten … war.

3 **a** Was zeigt uns die Kalendergeschichte? Kreuze die Aussage an, die besser passt.

☐ Die Kalendergeschichte verdeutlicht, dass man nie wissen kann, wie andere Menschen sich verhalten: Erst jagen die Bauersleute Giufa weg, dann laden sie ihn plötzlich ein.

☐ Die Geschichte zeigt, dass das Äußere einer Person das Verhalten anderer Menschen beeinflussen kann: Giufa wird nur wegen seiner feinen Kleidung anders behandelt.

b Schreibe auf, welche Lehre die Leser aus der Kalendergeschichte ziehen können.

Man sollte darauf achten, dass _____

_____

Denn _____

_____

4 Prüfe mit der Checkliste auf S.23 , ob du beim Text „Giufa lässt die Kleider speisen" alle typischen Merkmale einer Kalendergeschichte nachweisen kannst.

5 Lies die Aussage von Giufas Mutter in Zeile 34–36. Schreibe auf, was Giufa antworten könnte, z. B.:
„Ja, das habe ich nun verstanden, Mama. Aber es ist doch auch schade, dass die Leute …"

Eine Inhaltsangabe schreiben

Den Inhalt einer Kalendergeschichte verstehen

Johann Peter Hebel

Seltsamer Spazierritt (1808)

Ein Mann ritt auf seinem Esel nach Haus und ließ seinen Sohn zu Fuß nebenherlaufen. Kam ein Wanderer und sagte: „Das ist nicht recht, Vater, dass Sie reiten und Ihren Sohn
5 laufen lassen. Sie haben stärkere Glieder." Da stieg der Vater vom Esel herab und ließ den Sohn reiten.

Kam wieder ein Wandersmann und sagte: „Das ist nicht recht, Bursche, dass du reitest
10 und deinen Vater zu Fuß gehen lässt. Du hast jüngere Beine." Da saßen beide auf und ritten eine Strecke.

Kam ein dritter Wandersmann und sagte: „Was ist das für ein Unverstand*, zwei Kerle
15 auf einem schwachen Tier! Sollte man nicht einen Stock nehmen und euch beide hinabjagen?" Da stiegen beide ab und alle drei gingen zu Fuß, rechts und links der Vater und Sohn und in der Mitte der Esel.

Kam ein vierter Wandersmann und sagte: 20 „Ihr seid drei merkwürdige Gesellen. Ist's nicht genug, wenn zwei zu Fuß gehen? Geht es nicht leichter, wenn einer von euch beiden reitet?"

Da band der Vater dem Esel die vorderen Bei- 25 ne zusammen, und der Sohn band ihm die hinteren Beine zusammen, und sie zogen einen starken Baumpfahl durch, der an der Straße stand, und trugen den Esel auf der Schulter heim. 30

So weit kann es kommen, wenn man es allen Leuten recht machen will.

*der Unverstand: der Unsinn, die Dummheit

1 Was steht im Text? Kreuze an, ob die folgenden Aussagen richtig (r) oder falsch (f) sind.

                      r   f

A Am Anfang reitet der Sohn auf dem Esel und der Vater läuft nebenher. ....

B Insgesamt fünf Wanderer äußern ihre Meinung zu dem Verhalten von Vater und Sohn. ....

C Vater und Sohn sind von den Ratschlägen verwirrt und tragen den Esel. ....

2 Welche Aussage trifft den Schluss der Kalendergeschichte besser? Kreuze sie an.

A Wenn man die Wünsche von allen berücksichtigt, kommt nicht immer das Beste heraus. ....

B Manchmal ist es im Leben wichtig, ungewöhnliche Lösungen zu finden. ....

 Fasse die Geschichte zusammen. Nutze dazu eine oder mehrere der folgenden Seiten (▶ S. 28–30).

☑ Die indirekte Rede verwenden

1 Lies die Kalendergeschichte (▶ S. 27) noch einmal und notiere in Stichworten, was passiert.

Begegnung 1 (Z. 1–7)	Vater reitet, Sohn geht	Ratschlag Wanderer: Sohn soll reiten Begründung:
Begegnung 2 (Z. 8–___)	Sohn reitet, Vater	Ratschlag Wanderer: Begründung:
Begegnung 3 (Z. ___–___)		Ratschlag Wanderer: Begründung:
Begegnung 4 (Z. ___–___)		Ratschlag Wanderer: Begründung:

2 Wenn du wichtige Aussagen von Figuren wiedergeben willst, verwendest du die indirekte Rede.

a Ordne den Aussagen in direkter Rede die Wiedergabe in der indirekten Rede zu: Notiere A, B, C, D.

b Unterstreiche in der indirekten Rede die Verben, die im Konjunktiv I stehen.

c Die Pronomen verändern sich in der indirekten Rede. Markiere sie, z. B.: *Sie haben → er habe*.

Das ist nicht recht, Vater, dass Sie Ihren Sohn laufen lassen. Sie haben stärkere Glieder. **A**

Das ist nicht recht, Bursche, dass du reitest und deinen Vater zu Fuß gehen lässt. Du hast jüngere Beine. ☐

Geht es nicht leichter, wenn einer von euch beiden reitet? ☐

Ihr seid drei merkwürdige Gesellen. ☐

A Ein Wanderer wirft dem Vater vor, es sei nicht recht, dass er seinen Sohn laufen lasse. Er habe stärkere Glieder.

B Ein Wanderer fragt sie, ob es nicht leichter gehe, wenn einer von ihnen reite.

C Ein Wanderer ruft dem Jungen zu, es sei nicht recht, dass er reite und seinen Vater zu Fuß gehen lasse. Er habe jüngere Beine.

D Ein Wanderer bemerkt, sie seien drei merkwürdige Gesellen.

⊠ Die Einleitung schreiben

1 Bereite eine Inhaltsangabe zur Kalendergeschichte (▶ S. 27) vor. Notiere die beteiligten Figuren.

ein Vater, _____

2 Formuliere einen Einleitungssatz für die Inhaltsangabe. Wähle passende Angaben aus dem Kasten.
Tipp: Einige Angaben passen nicht.

Die Kalendergeschichte „_____"

von _____ aus dem Jahr _____ handelt von

_____

_____ .

> ~~Die Kalendergeschichte~~ • Seltsamer Spazierritt •
> Johann Peter Hebel • 1808 • einem Vater • seinem Sohn •
> es allen recht machen • Tierheim • beide sehr faul

3 **a** Unterstreiche in der Kalendergeschichte (▶ S. 27) wichtige Stellen in wörtlicher Rede.
   b Ergänze die folgende Inhaltsangabe. Formuliere dazu die indirekte Rede im Konjunktiv I.

Ein Vater und sein Sohn befinden sich auf dem Heimweg. Während der Vater auf

dem Esel reitet, läuft der Sohn nebenher. Da begegnet ihnen ein Wanderer, der dem

Vater vorwirft, dass er seinen Sohn laufen _____ (lassen), obwohl er selbst

stärkere Beine _____ (haben). Daraufhin steigt der Vater vom Esel und _____

_____ . Kurz darauf begegnet ihnen _____ ,

der ihnen zuruft, es _____ (sein) nicht recht, dass er _____ (reiten) und den

Vater laufen _____ (lassen). Also _____ .

Etwas später _____ . Dieser ist der

Meinung, _____ .

Deshalb _____ .

Der vierte Wanderer meint, es _____ (reichen) doch, wenn zwei _____

_____ . Daraufhin _____

_____ .

⊠ Eine Inhaltsangabe schreiben

1 Schreibe einen Einleitungssatz für die Inhaltsangabe zur Kalendergeschichte (▶ S. 27) in dein Heft. Nenne darin den Titel, das Erscheinungsjahr und den Autor sowie das Thema des Textes, z. B.:

In der Kalendergeschichte „…" von … aus dem Jahr … geht es um …

Sprache plus

2 Wichtige wörtliche Aussagen aus dem Text gibst du in der indirekten Rede wieder. Gehe so vor:
a Unterstreiche die wörtliche Rede im Text.
b Gib die Aussagen mit Verben im Konjunktiv I wieder.
c Leite die indirekte Rede durch Verben des Sagens ein. Nutze die Vorgaben im Kasten unten.
Tipp: Achte auf die Veränderung der Pronomen, z. B.: *Sie → er, euch → ihnen*.

Textstelle mit wörtlicher Rede	Wiedergabe in indirekter Rede
Kam ein Wanderer und sagte: „Das ist nicht recht, Vater, dass Sie reiten und Ihren Sohn laufen lassen. Sie haben stärkere Glieder." (Z. 3–5)	Der Wanderer beschwert sich, es _____ (sein) nicht recht, dass er _____ (reiten) und seinen Sohn laufen _____ (lassen). Er _____ (haben) stärkere Glieder.
Kam wieder ein Wandersmann und sagte: „Das ist nicht recht, Bursche, dass du reitest und deinen Vater zu Fuß gehen lässt. Du hast jüngere Beine." (Z. 8–11)	Ein anderer Wandersmann sagt zu dem Jungen, es sei _____
Kam ein dritter Wandersmann und sagte: „Was ist das für ein Unverstand, zwei Kerle auf einem schwachen Tier!" (Z. 13–15)	
Kam ein vierter Wandersmann und sagte: „[…] Geht es nicht leichter, wenn einer von euch beiden reitet?" (Z. 20–24)	Ein vierter Wandersmann fragt, ob es nicht _____

fragen • rufen • vorschlagen • sich beschweren • feststellen • (sich) empören

3 **a** Fasse den Inhalt der Kalendergeschichte in deinem Heft zusammen. So kannst du beginnen:
Vater und Sohn befinden sich auf dem Heimweg. Während der Vater auf dem Esel reitet, läuft der Sohn nebenher. Da begegnet ihnen ein Wanderer, der sich beschwert, es sei …
b Schreibe im Schlussteil in ein bis zwei Sätzen auf, was man aus der Geschichte lernen kann, z. B.:
In dieser Geschichte wird gezeigt, … / Aus der Kalendergeschichte kann man lernen, …
c Prüfe deine Inhaltsangabe mit Hilfe der Checkliste auf S. 27.

➕ 4 Wähle die Aussage eines Wanderers aus. Notiere im Heft, welche Antwort du ihm geben würdest.

Einen (Online-)Sachtext lesen

Methode ⟩⟩ Einen (Online-)Sachtext lesen

Für das Verstehen von Texten aus dem Internet kannst du die **Lesemethode für Sachtexte** anwenden. Du kannst den Text zum Markieren ausdrucken oder in eine Textdatei kopieren.

Check ⟩

1. Vor dem Lesen
- Betrachte die **Bilder,** lies die **Überschrift** und notiere **Vermutungen zum Textinhalt.** ... ☐

2. Beim Lesen
- **Überfliege** den Text und **überprüfe** deine **Vermutungen.** .... ☐
- **Lies** den Text **gründlich:**
  - Markiere Absatz für Absatz **wichtige Wörter und Wortgruppen.** .... ☐
  - Unterstreiche **unbekannte Wörter** und kläre ihre Bedeutung aus dem **Textzusammenhang** oder durch **Nachschlagen.** .... ☐
  - **Bei Online-Texten:** Beachte **weiterführende Links** (Hyperlinks). .... ☐
  - Notiere zu jedem Absatz eine **Zwischenüberschrift** oder eine **Frage.** .... ☐

3. Nach dem Lesen
- Bearbeite die **Aufgaben zum Text.** .... ☐

Vermutungen anstellen und überprüfen

1 a Betrachte die Abbildungen, lies die Überschrift und den Vorspann des Online-Textes. Worum könnte es gehen? Notiere deine Vermutungen in Stichworten im Heft.

b Überfliege den Text und überprüfe deine Vermutungen: Welche treffen zu?

ONLINE

Geheimnisvollen Zeichen auf der Spur

Die Burkarder Kirche, idyllisch am Mainufer gelegen, wird vor allem von Touristen aufgesucht, die die zweitälteste Kirche Würzburgs entdecken wollen. Ein besonderes Geheimnis des alten Gemäuers wurde von einer Realschulklasse erkundet.

„Kommt bitte nach vorne!", ruft Ewa Novak und entlockt der Klangschale auf ihrem Pult einen zarten Ton. Nach und nach kommen die Schülerinnen und Schüler der 7c im Stuhlkreis zusammen. Der siebte Jahrgang der Würzburger

5 Realschule führt gerade eine Projektwoche zur Stadtgeschichte durch. Ihr Thema: „Handwerk im Mittelalter". Der Klassenraum gleicht einer wuseligen Werkstatt, in der gebastelt, gebaut und gespielt wird.

Ewa Novak, Geschichtslehrerin der 7c, staunt über das Engagement ihrer Klasse. „Viele, die sonst gelangweilt im Unterricht sitzen, sind jetzt begeistert bei der Sache. Das liegt daran, dass sie sich

10 selbst ihr Thema aussuchen und im eigenen Tempo arbeiten dürfen. Auch die Teamarbeit in Kleingruppen macht allen Spaß – und natürlich das selbstständige Recherchieren im Internet." Dass die Lernenden das auch so sehen, zeigt der Austausch in der Schlussrunde. Die meisten sind motiviert und freuen sich darauf, ihr Projekt bis zum Abschlusstag vorzubereiten.

Für den nächsten Tag steht etwas Besonderes auf dem Programm. „Wir treffen uns um 8 Uhr

15 vor der Burkarder Kirche", sagt Frau Novak und verteilt ein Infoblatt. Darauf sind Einzelheiten zum geplanten Ausflug festgehalten. „Das hört sich öde an", stöhnt Timea. „Warte es ab!", entgegnet Frau Novak. Am nächsten Morgen begrüßt die Lehrerin die 7c bei strahlendem Sonnenschein vor der alten Kirche und verteilt Fotos mit geheimnisvollen Zeichen. Damit sollen die Gruppen sich auf die Suche begeben. Der Auftrag lautet: „Findet diese Zeichen und überlegt,

Tor zur Vergangenheit

20 Kommt mit auf eine **virtuelle Tour** durch die Burkarder Kirche! Entdeckt Steinmetzzeichen 25 und weitere Geheimnisse …

was sie bedeuten könnten!" Neugierig machen sich die Siebtklässler auf die Suche. „Ich hab was!", ruft Aylin und winkt ihre Gruppe herbei. Das Zeichen, das sie im Gemäuer der Kirche entdeckt hat, sieht wie ein Strichmännchen aus und ist im rauen Stein nur schwer zu erkennen. Gemeinsam überlegt Aylins Gruppe, was das Zeichen zu bedeuten hat. „Bestimmt waren das Außerirdische", scherzt Tom. Lea fragt: „Werden mit den Zeichen vielleicht verschiedene Handwerksberufe dargestellt?"

Als alle Gruppen wieder zusammenkommen, klärt Frau Novak die Klasse auf: „Die Zeichen,
30 die ihr entdeckt habt, stammen von den Steinmetzen, also den Handwerkern, die die Steine hergestellt haben." Steinmetzzeichen, so erfährt die Klasse nun, wurden etwa vom 12. bis zum 17. Jahrhundert verwendet und dienten zur Abrechnung der erledigten Aufträge. Steinmetze schlugen die Steine für ein Bauwerk in Form und stapelten
35 sie übereinander. In die obere Reihe ritzten sie ihr Zeichen ein. Am Zahltag konnten sie damit zeigen, wie viele Steine sie gehauen hatten, und wurden nach Stück bezahlt. „Das Steinmetzzeichen funktionierte wie eine Art Werbe-Logo. Es konnte über die Jahre auch zum Familienwappen werden", erläutert
40 Frau Novak. „Und heute helfen uns die Zeichen, die Arbeit einer Baumeisterfamilie über Jahrhunderte nachzuverfolgen."

Bei einem zweiten Rundgang entdecken die Schülerinnen und Schüler weitere Zeichen, die sie diesmal abzeichnen. Im Internet soll weiter dazu recherchiert werden. „Ich will herausfin-
45 den, ob sich die Handwerker die Zeichen einfach so ausdenken durften oder ob es dafür ein System gab", kündigt Lenn an. Cihan möchte erkunden, warum die rätselhaften Steinmetzzeichen irgendwann verschwanden. „So öde war das gar nicht", grinst Timea. „Gemeinsam forschen ist cooler als Unterricht!"

Was müsste passieren, damit das Lernen für die Schule noch mehr Spaß macht?

40 %	Mehr Projektwochen/Projektunterricht
40 %	Keine Hausaufgaben
34 %	Mehr Aufgaben am Computer lösen
25 %	Mehr Gruppenarbeit
19 %	Keine Noten mehr
17 %	Mehr Pausen
14 %	Aufgaben wie einen Wettbewerb gestalten

Quelle: FACT-Umfrage im Rahmen der scoyo-Studie: Lernen mit Spaß. Befragt wurden 860 Kinder zwischen sechs und 13 Jahren.

2 Worum geht es in dem Text? Kreuze die am besten zutreffende Antwort an.

Es geht um … ☐ den Berufsalltag von Steinmetzen im Mittelalter. ☐ eine Kirchenbesichtigung.

☐ die Erkundung von Steinmetzzeichen im Rahmen einer Projektwoche.

3 Bei dem Text handelt es sich um einen Online-Artikel. Er hat daher besondere Merkmale.
a Zu welchen Begriffen kannst du über einen Hyperlink weitere Informationen aufrufen? Markiere sie.
b Welcher zusätzliche Link zum Thema wird neben dem Artikel angeboten? Umkreise die Stelle.

4 Bestimme das Thema des Diagramms. Ergänze den Satzanfang.

Das Diagramm zeigt

Erarbeite den Inhalt des Sachtextes genauer. Nutze dazu eine oder mehrere der folgenden Seiten (▶ S. 33–35). Prüfe dein Vorgehen anschließend mit der Checkliste S. 31.

▶ Den Text genau lesen und den Inhalt verstehen

1 **a** Lies den Text (▶ S. 31–32) Absatz für Absatz durch.

b Gib die wichtigsten Informationen aus jedem Absatz knapp wieder.
Gehe so vor:
- Markiere in jedem Absatz wichtige Wörter und Wortgruppen.
  Sieh dir als Beispiel die Markierungen im ersten Absatz an.
- Beantworte die Fragen zu jedem Absatz in Stichworten.

Absatz 1 (Z. 1–7): Welche Besonderheit findet in Klasse 7c statt?

Projektwoche zur Stadtgeschichte, Thema „_____",

siebte Klasse einer_____

Absatz 2 (Z. 8–13): Was verändert sich durch die Projektwoche?

_____

_____

Absatz 3 (Z. 14–28): Welche Aufgabe erhalten die Schülerinnen und Schüler?

_____

_____

Absatz 4 (Z. 29–41): Wie nennt man die Zeichen in den Steinen und wozu dienten sie?

_____

_____

Absatz 5 (Z. 42–48): Was geschieht während und nach der zweiten Entdeckungsrunde?

_____

_____

prache plus ▶

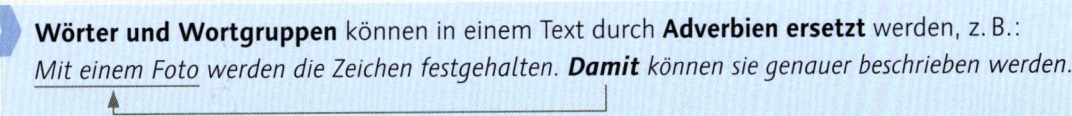

▶ **Wörter und Wortgruppen** können in einem Text durch **Adverbien ersetzt** werden, z. B.:
Mit einem Foto werden die Zeichen festgehalten. **Damit** *können sie genauer beschrieben werden.*

Weitere Adverbien sind z. B.: *darauf, daran, dadurch, darüber, dazu, hiermit, woran, wodurch.*
Wenn du weißt, wofür die Adverbien stehen, kannst du einen Text besser verstehen.

2 **a** In den Zeilen 15 und 18 im Text wurden Adverbien unterkringelt. Kennzeichne mit Hilfe eines Pfeils,
worauf sie sich jeweils beziehen. Lies dazu den Satz davor ganz genau.

b Finde im Text ab Zeile 35 drei weitere Adverbien. Markiere sie und kennzeichne jeweils mit Hilfe eines
Pfeils, worauf sie sich beziehen.

✉ Informationen zusammenfassen und vergleichen

1 **a** Lies den Text (▶ S. 31–32) gründlich. Nummeriere die Absätze und notiere Zeilenangaben.
b Formuliere zu jedem Absatz eine passende Überschrift.
Tipp: Wenn du Hilfe brauchst, kannst du die Vorgaben aus dem Kasten unten passend zuordnen.

Absatz 1 (Z. 1 –   ): _____

Absatz 2 (Z.   –   ): _____

Absatz 3 (Z.   –   ): _____

Absatz 4 (Z.   –   ): _____

Absatz 5 (Z.   –   ): _____

> Den eigenen Fragen auf der Spur • Steinmetzzeichen: Abrechnung und Werbung •
> Die Zeichendetektive • Vom Klassenraum zur Werkstatt • Begeisterung statt Langeweile!

2 **a** Was erfährst du im Text über den Beruf des Steinmetzes und die Steinmetzzeichen?
Unterstreiche passende Textstellen in zwei Farben.
b Ergänze die folgende Stichwortsammlung.

Der Steinmetz im Mittelalter	**Steinmetzzeichen**
– Handwerksberuf	– wurden vom 12. bis _____
– schlug Steine für ein Bauwerk	

3 **a** Sieh dir das Diagramm auf ▶ Seite 32 genau an.
b Kreuze an, ob die Sätze A bis C die Angaben im Diagramm richtig oder falsch wiedergeben.

	richtig	falsch
A Am wichtigsten scheint den Befragten Projektunterricht und das Wegfallen von Hausaufgaben zu sein. Das könnte am ehesten den Spaß beim Lernen erhöhen.		
B Lernen für die Schule würde den Befragten mehr Spaß machen, wenn sie durch bessere Noten belohnt würden.		
C 34 Prozent der Befragten hätten mehr Spaß beim Lernen für die Schule, wenn sie mehr Aufgaben am Computer lösen könnten.		

4 Suche zu den folgenden Aspekten aus dem Diagramm passende Stellen im Text (▶ S. 31–32).
Notiere die Zeilenangaben:

in Gruppen lernen: Z. 11, _____ Spaß am Lernen: _____ am Computer arbeiten: _____

Inhalte aufeinander beziehen und Merkmale erfassen

1 Lies den Text (▶ S. 31–32) erst zügig, dann gründlich.
Tipp: Beachte die Schritte „Beim Lesen" in der Checkliste auf ▶ Seite 31.

2 **a** Fasse den Textinhalt knapp zusammen. Vervollständige dazu die Satzanfänge in deinem Heft.

In dem Text „Geheimnisvollen Zeichen auf der Spur" geht es um …
Im ersten Absatz (Z. 1–XY) wird beschrieben, was …
Der zweite Absatz (Z. XY–XY) hat zum Thema, warum …
Im dritten Absatz (Z. XY–XY) wird beschrieben, wie …
Der vierte Absatz (Z. XY–XY) erklärt, was …
Der fünfte Absatz (Z. XY–XY) beschreibt …

b Werte das Diagramm (▶ S. 32) aus und schreibe eine kurze Zusammenfassung. Ergänze dazu die folgenden Sätze.

Das Diagramm stellt die Ergebnisse einer Umfrage unter Kindern von _____ bis _____

Jahren dar. Gefragt wurde, was den Spaß beim _____

erhöhen würde. Besonders wichtig ist den Befragten, dass _____

_____

_____.

Außerdem würden sie gern _____.

3 Timea kommt zu dem Schluss: „So öde war das gar nicht." (▶ Text S. 32, Z. 48).
Erkläre im Heft, was die Klasse bei ihrer Projektwoche und während des Ausflugs motiviert haben könnte. Gehe dabei auf passende Textaussagen und auf das Diagramm (▶ S. 32) ein, z. B.:
Im Text wird deutlich, dass die Klasse … Dies deckt sich mit den Ergebnissen der Umfrage, laut derer …

4 **a** Weise nach, dass es sich bei dem Text um eine Reportage handelt: Unterstreiche berichtende Textstellen blau und schildernde Stellen grün.

b Eine Reportage soll lebendig und „nah am Geschehen" wirken. Zeige, wie dies in diesem Text erreicht wird. Notiere Zeilenangaben und Beispiele auf den Zeilen:

> **Berichtende Stellen** sind z. B.: sachliche Informationen, Antworten auf W-Fragen.
> **Schildernde Stellen** sind z. B.: Sinneswahrnehmungen, Gedanken, Gefühle.

„Hineinspringen" ins Geschehen: Z. ___ – _____

wörtliche Rede: z. B. Z. 1, 8–12, _____

Schildern im Präsens: z. B. ruft (Z. 1), _____

ausdrucksstarke Verben: z. B. entlockt (Z. 1), _____

anschauliche Adjektive: z. B. zarten (Z. 2), _____

 5 Die Reportage wurde als Online-Text im Internet veröffentlicht. Welche Vorteile bietet ein solcher Text im Vergleich zu einem Artikel auf Papier? Schreibe Stichworte in dein Heft, z. B.:

Online-Text: aktuell, …

Die Wortarten

Das Nomen

1 Im folgenden Text wird ein Experiment erklärt. Er enthält acht Nomen, sieben davon mit Artikel.

a Unterstreiche im Text die Artikel in der Artikelfarbe, bestimmte Artikel einfach, unbestimmte doppelt:
der/ein, die/eine, das/ein.

b Rahme alle Nomen in der Artikelfarbe ein. Markiere die beiden Nomen ohne Artikel.

c Kreuze an: Das Nomen in der Überschrift steht im ☐ Singular ☐ Plural.

KANN MAN ROHE EIER SCHÄLEN?

NA KLAR! WENN MAN <u>EIN</u> EXPERIMENT MACHT. LEGE EIN EI VORSICHTIG

IN EIN TRINKGLAS. GIEßE NUN SO VIEL ESSIG IN DAS GLAS, DASS DIE

FLÜSSIGKEIT UNGEFÄHR EINEN ZENTIMETER HÖHER IST ALS DAS EI.

2 Lies, wie das Experiment funktioniert. Untersuche auch hier die Nomen und Begleiter.

a Streiche in Teil (1) die falschen Formen durch.

b Trage in Teil (2) die Wörter in Klammern im richtigen Fall (Kasus) ein. Diese Fragen helfen dir:

1. Fall: **Nominativ:** *Wer oder was …?*   2. Fall: **Genitiv:** *Wessen …?*
3. Fall: **Dativ:** *Wem …?*   4. Fall: **Akkusativ:** *Wen oder was …?*

(1) Was passiert nun mit *das/dem Ei*? Warte ein bisschen! Nach *wenigen/wenige* Minuten bilden sich auf

der/die Eierschale winzige Blasen. Dann entsteht eine Schicht aus *viele/vielen* Bläschen. Nach *eine/einer*

Stunde hat sich auf *dem/den* Ei eine schmierige Masse gebildet. (2) Einen Tag später schüttest du

_____ (der Essig/**Akk.**) weg und holst _____ (das Ei/**Akk.**) vorsichtig heraus.

Unter fließendem Wasser entfernst du die noch übrigen Schalen _____ (das Ei/**Gen.**).

Erklärung: Eine feine, dehnbare Haut unter der Schale gibt _____ (das Ei/**Dat.**)

zusätzlichen Schutz und hält _____ (der flüssige Inhalt/**Akk.**) zusammen.

⊕ 3 Notiere im Heft die vier Fälle (Kasus) der Nomen *der Essig* und *das Ei*, z.B.:
Nominativ: der Essig, das Ei   Genitiv: …   Dativ: …   Akkusativ: …

Nomen in den richtigen Kasus setzen

> **Information** ⟩⟩ **Verben mit bestimmtem Fall (Kasus)**
>
> - Nach einigen Verben steht immer der **Akkusativ,** z. B.: *sehen, nehmen, legen, brauchen, essen.*
>   → *Die Schülerin macht ein Experiment.* (*Wen?* – Akkusativ)
> - Nach manchen Verben steht immer der **Dativ,** z. B.: *gelingen, zusehen, folgen, ähneln, zustimmen.*
>   → *Das Experiment gelingt der Schülerin.* (*Wem?* – Dativ)
> - Nach manchen Verben können der **Dativ** und der **Akkusativ** stehen, z. B.: *bringen, hinzufügen, geben, empfehlen, versprechen.* → *Sie fügt dem Wasser* (Dat.) *einen Tropfen Essig* (Akk.) *hinzu.*

1 Welche Form ist richtig? Umkreise in Abschnitt A die passenden Akkusativformen *(Wen oder was?)* und in Abschnitt B die Formen im Dativ *(Wem?)*. **Tipp:** Der Merkkasten oben hilft dir.

A Isst du gerne **ein/einen** Frühstücksei? Dazu legst du **dem/das** Ei in einen Topf mit kochendem Wasser.

B Das Ei gelingt **dem/den** Koch oder **der/die** Köchin, wenn die Zeit genau gestoppt wird. Folge am

besten **die/der** Regel: 3–5 Minuten heißt weich gekocht, 7–10 Minuten hart gekocht.

2 Mit dem geschälten rohen Ei von ▶ Seite 38 kannst du weiter experimentieren.
a Schreibe unter die Sätze A–D die passenden Kasusfragen aus dem Kasten.
b Setze die passenden Antworten aus dem rechten Kasten in die Lücken.
c Notiere den Fall (Kasus), in dem die Wörter stehen.

> einen Topf •
> dir • das Ei •
> des Eis

> Wen oder was hältst du zur Hälfte ins Wasser? • Wem hilft ein Löffel dabei? •
> Wen oder was brauchst du? • Wessen untere Hälfte ist gekocht?

A Du brauchst _____ mit heißem Wasser. **Fall:** _____

Wen oder _____?

B Du hältst _____ zur Hälfte ins Wasser. **Fall:** _____

_____?

C Ein Löffel hilft _____ dabei, dass du dich nicht verbrühst. **Fall:** _____

_____?

D Ergebnis: Die untere Hälfte _____ ist gekocht, die obere roh. **Fall:** _____

_____?

3 Bestimme im Heft den Fall (Kasus) der unterstrichenen Wörter, z. B.: dir = Dativ (Wem zeigen wir …?).

Wir zeigen dir ein Experiment: Du legst ein Ei einen Tag lang in Essig ein. Du schüttest den Essig weg.
Du füllst ein Glas mit Wasser und legst das schalenlose Ei hinein. Nun kannst du dem Ei dabei zusehen,
wie es größer wird. Man kann das Experiment so erklären: Durch feine Löcher dringt das Wasser ins Ei
ein, aber das Eiweiß kann nicht hinaus. Deshalb wächst das Ei.

Pronomen unterscheiden

1 **a** Unterstreiche im Text die fett gedruckten Pronomen in drei Farben:
Personalpronomen, Possessivpronomen, Demonstrativpronomen.
b Markiere und kennzeichne jeweils mit einem Pfeil, worauf die Pronomen sich beziehen.

Schon seit Urzeiten essen die Menschen Eier. **Sie** stammen normalerweise von Hühnern. Wenn man

ein Ei kocht oder brät, wird **es** fest, und man kann **ihm** dabei zusehen, wie **es seine** Struktur verändert.

Der Legebetrieb des Huhns und Angaben darüber, wie **es** gehalten und ernährt wurde, stehen auf

der Schale. Auf **dieser** steht auch, wann das Huhn **sein** Ei gelegt hat.

2 **a** Unterstreiche die Pronomen in den Rätselsätzen A–D.
b Für welche Nomen stehen diese Pronomen jeweils? Bilde aus den Silben Nomen und notiere sie.
c In einem Satz kommt ein Demonstrativpronomen vor. Umkreise es.
d Bestimme die Art der anderen vier Pronomen: _____

A Er legt riesige Eier, er besteht aber auch aus Blumen. _____

B Für dieses Fest im Frühling werden Eier bunt gefärbt. _____

C Sie schützt das Ei und das heranwachsende Küken. _____

D Sie ist ein Hühnervogel und legt kleine Eier. _____

os • le • tern •
strauß • wach •
scha • tel

3 Die markierten Wörter im Text sind Wiederholungen. Verbessere den Text,
indem du sie durch Pronomen aus dem Kasten ersetzt. Notiere sie darüber.

es • ihm •
es • sie • sie

Ein Huhn legt normalerweise drei bis fünf Eier in der Woche. Die Eier sind braun oder

weiß. Legt ein Huhn mit braunen Federn auch braune Eier? Nein! Das Huhn kann

auch weiße legen. Das Ohrläppchen des Huhns ist entscheidend. Mit dem Ohrläpp-

chen kann man die Farbe des Eis bestimmen. Ist das Ohrläppchen weiß, sind auch

die Eier weiß. Braune Eier hingegen bekommt man, wenn die Ohrläppchen rot sind.

braunes
Ei
rot

Pronomen verwenden

4 Ergänze in den Lücken passende Pronomen aus dem Kasten.
Markiere und kennzeichne mit einem Pfeil, worauf sie sich beziehen.

<del>diese</del> • sie • er •
dieser • den • ihnen

Ein Konditor benutzt oft Eier. Diese braucht _____ zum Backen und

Zubereiten von Kuchen und Torten. Für eine Erdbeertorte werden zwei Eier

genommen. Aus _____ wird zusammen mit Mehl und Zucker ein Teig

gerührt. _____ füllt man in eine Backform und backt den Tortenboden.

Nach dem Erkalten wird _____ mit Sahne bestrichen. Zum Schluss

halbiert man Erdbeeren und verteilt _____ auf der Sahne. Lecker!

5 Finde alle 10 Pronomen im Text und unterstreiche sie so:
Personalpronomen, Demonstrativpronomen.

Häufig wird beim Backen nicht das ganze Ei benutzt, sondern es wird in

Eigelb und Eiweiß getrennt. Dieses wird zu einer schaumigen Masse

aufgeschlagen. Diese Masse wird Eischnee genannt. Mit ihm kann man

viele süße Speisen backen, z. B. leckeres Kokos- oder Schaumgebäck.

Aber auch für Kuchen ist er geeignet: Der Eischnee verleiht dem Kuchen

Halt und macht ihn gleichzeitig weich und luftig.

Isst du lieber vegan? Dann kannst du den Eischnee ersetzen: Nimm das

Wasser aus einer Dose Kichererbsen und rühre es mit etwas Backpulver

schaumig. Das klingt seltsam, schmeckt aber sehr ähnlich.

6 **a** Ergänze die Pronomen aus dem Kasten passend in den Lücken.
b Unterstreiche die eingefügten Pronomen wie angegeben:
Personalpronomen, Possessivpronomen, Demonstrativpronomen.

<del>sie</del> • sie • deine • dieses • es • es

Zu Pommes frites isst man oft Mayonnaise. Wusstest du, dass man sie auch selbst herstellen kann?

Dazu braucht man ein Ei. _____ muss unbedingt ganz frisch sein, da _____ roh verarbeitet wird.

Man benötigt nur das Eigelb. _____ wird vom Eiweiß getrennt und mit Salz und etwas Flüssigkeit

verrührt. Nach und nach wird Öl dazugegeben, bis eine cremige Masse entsteht.

Bewahre _____ Mayonnaise im Kühlschrank auf und verbrauche _____ schnell.

Das Adjektiv

1 Ergänze die Lücken jeweils mit dem passenden Adjektiv aus der Klammer. Achte darauf, die Endungen anzupassen.

Martin H. steht jeden Samstag in der Altstadt vor der _____ (*evangelisch/lustig*) Kirche

und lässt _____ (*eckig/riesig*) Seifenblasen in die Luft steigen. Die Fußgänger staunen

über die _____ (*bunt/freundlich*) Riesenblasen. Vor allem die Kinder sind begeistert.

Sie versuchen die _____ (*dünn/stabil*) Blasen zum Platzen zu bringen.

Über eine _____ (*unglaublich/klein*) Spende freut sich der

_____ (*jung/eilig*) Seifenblasenkünstler.

2 **a** Notiere in der Tabelle die Grundstufe (Positiv) sowie die fehlenden Steigerungsformen der Adjektive.

Positiv	Komparativ	Superlativ
_____	_____	am höchsten
_____	schneller	_____
_____	_____	am größten
bunt	_____	_____

b Trage passende Adjektive in der richtigen Steigerungsform in den Lückentext ein.
c Markiere im Text: Vergleiche mit *wie* (Positiv) blau, mit *als* (Komparativ) grün, Superlative gelb.

Samuels Seifenblasen sind am _____. Leider zerplatzen die von Julie _____

als die der anderen. Aber ihre Seifenblasen glitzern genauso _____ wie die der anderen.

Von allen Seifenblasen fliegen Cyrils am _____.

➕ 3 Markiere im Text zu Aufgabe 1 ein Adjektiv, das sich nicht sinnvoll steigern lässt.

Adjektive steigern

1 Bestimme die Steigerungsstufe der fett gedruckten Adjektive im Text.
Unterstreiche sie in drei Farben: <u>Positiv</u>, <u>Komparativ</u>, <u>Superlativ</u>.

Funktionieren eigentlich die viel **kleineren** Seifenblasen genauso wie **riesige** Seifenblasen? Jeder

erinnert sich, wie man als **jüngeres** Kind das Seifenblasenpusten lernte. Man taucht dazu ein Stäbchen,

das oben eine Art **runde** Schleife hat, in einen **kleinen** Plastikbehälter mit Seifenlauge. Nun kann man

durch **vorsichtiges** Pusten die **schönsten** Seifenblasen machen. Eine **schwierigere** Angelegenheit ist es,

sehr **große** Seifenblasen hinzubekommen. Am **wichtigsten** dabei ist eine **ruhige** Hand.

2 **a** Unterstreiche die Adjektive im Kasten in drei Farben: <u>Positiv</u>, <u>Komparativ</u>, <u>Superlativ</u>.
b Füge die Adjektive aus dem Kasten passend im Lückentext ein. Ergänze die richtige Endung.

> ~~eigen~~ • klein • beste • normal • seifig • größte • länger • feucht • alt • hektisch

Hier erfährst du, wie du deine *eigenen* Riesenseifenblasen herstellst. Dafür nimmst du am

_____ ein ganz _____ Shampoo. Es reichen vier bis fünf _____ Löffelchen

(Teelöffel) oder zwei Esslöffel Shampoo. Rühre dieses in einen Liter Wasser und füge einen Esslöffel

Glycerin aus der Apotheke hinzu. Biege einen _____ Kleiderbügel aus Draht zu einem Ring

und tauche ihn in die Flüssigkeit. Ziehe den _____ Ring heraus und schwinge ihn durch die

Luft, bis eine Riesenseifenblase entsteht. Vermeide zu _____ Armbewegungen – auf

diese Weise erhältst du die _____ Blasen! Noch ein Tipp: Bei _____ Klima

haben die Blasen eine _____ Lebensdauer als bei Sonne.

3 **a** Ergänze im Text die Adjektive in der richtigen Steigerungsform und mit der passenden Endung.
b Bestimme die Form der eingefügten Adjektive, indem du sie farbig unterstreichst:
<u>Positiv</u>, <u>Komparativ</u>, <u>Superlativ</u>.

Bei einer *riesigen* (riesig) Seifenblase füllt sich die _____ (seifig) Haut mit Luft. Dabei bildet

sich ein Schlauch, der immer _____ (lang) wird, bis er abreißt. Dabei schließt er sich und formt

sich zu einer _____ (kugelrund) Blase. Bei sehr _____ (trocken) Wetter platzen

die Seifenblasen _____ (leicht) als an Tagen mit _____ (hoch) Luftfeuchtigkeit, weil

das Wasser dann _____ (schnell) verdunstet. Die _____ (gut) Seifenblasen gelingen

dir also an einem _____ (regnerisch) Tag, zum Beispiel kurz nach einem Schauer.

Mit Präpositionen Verhältnisse verdeutlichen

> **Information** ⟩⟩ **Die Präposition**
>
> - Präpositionen stehen **vor Nomen.** Sie bestimmen den **Fall** (Kasus) des Nomens und seiner Begleiter.
>   - **Dativ-Präpositionen:** *nach, aus, bei, mit, von, zu, außer, seit,* z. B.: *Dampf tritt aus **dem** Topf.*
>   - **Akkusativ-Präpositionen:** *für, um, durch, gegen, ohne,* z. B.: *Es passiert nichts ohne **den** Zucker.*
> - Nach den **Wechselpräpositionen** *in, an, über, unter, auf, vor, hinter, neben, zwischen* folgt:
>   - der **Dativ,** wenn man **Wo?** fragen kann, z. B. *Das Wasser kocht schon in **dem** Topf.*
>   - der **Akkusativ,** wenn man **Wohin?** fragen kann, z. B.: *Gib den Kohl in **den** Topf.*

1 Markiere die acht Präpositionen im folgenden Text.

....
in • zu • auf • bei • mit • an • für • aus
....

Blaukraut wird in manchen Regionen auch Rotkraut

genannt oder es kommt als Rotkohl auf den Tisch. Es ist ein leckeres Gemüse. Wer schon einmal kleine

Stücke aus einem Krautkopf geschnitten hat, der weiß, dass man danach Farbe an den Händen hat.

Deshalb benutzt man für das Kleinschneiden am besten Handschuhe.

Wusstest du, dass Rotkraut mit etwas Zucker bei dem Kochvorgang blau wird?

Wenn man aber Apfelstückchen zu dem Kraut gibt, dann wird es wieder rot.

2 Nach manchen Präpositionen folgt der Akkusativ (*Wen oder was?*), nach anderen der Dativ (*Wem?*).
a Ergänze die Lücken mit den passenden Präpositionen aus dem Kasten.
b Unterstreiche die Präpositionen und Wortgruppen im <u>Akkusativ</u> und umrahme sie im ⬭Dativ⬭.

....
~~bei~~ • Bei • durch • durch • aus • von • mit • mit • mit • zu • ~~ohne~~
....

Du kannst ⬭bei diesem Experiment⬭ herausfinden, wie _____ einem Blaukraut Rotkohl wird.

Zerklainere das Kraut. <u>Gib es in einen Topf.</u> Fülle ihn _____ Wasser und koche alles kurz auf.

_____ diesem Vorgang verändert sich die Farbe des Wassers _____ einer Art Blau.

Gieße den Inhalt des Topfes _____ ein Sieb in vier Gläser. <u>Nun ist in jedem Glas blaue Flüssigkeit.</u>

Lasse das erste Glas <u>ohne</u> eine Zutat, in das zweite streust du Zucker. Beträufele das dritte _____

etwas Essig und gib in das vierte den Saft _____ einer Zitrone.

Das Ergebnis: Das Wasser _____ dem Zucker bleibt blau,

_____ den Essig und die Zitrone wird es rot.

c Schreibe die markierten Sätze mit der Wechselpräposition *in* unter die passende Frage.

Wohin? → Akkusativ   *Wo?* → Dativ

_____   _____

Präpositionen verwenden

1 Setze die Artikel im Text in den **Dativ** oder in den **Akkusativ**. **Tipp:** Die Farben helfen dir.

Man kann **bei** dem___ (*das*) **Blaukraut-Experiment** schön zeigen, wie Naturwissenschaftler arbeiten.

Sie gelangen **von** _____ (*die*) **Beobachtung zu** _____ (*eine*) **Theorie** und überprüfen sie **durch**

(*ein*) **Experiment**. Zum Beispiel sieht man, dass **aus** _____ (*ein*) **blauen Kraut** wieder ein rotes wird,

wenn man Apfelstückchen hinzugibt. Man überlegt, ob die Farbe **durch** _____ (*der*) **Fruchtzucker**

ausgelöst wurde. Deshalb vermischt man das Blaukraut **mit** _____ (*ein*) **Löffel Zucker.**

Aber es passiert nichts. Man gibt nun nur Säure hinzu und gelangt so

zu _____ (*der*) **Beweis**, dass die Säure **aus** _____ (*der*) **Apfel**

für _____ (*der*) Farbwechsel verantwortlich ist.

2 **a** Ergänze die bestimmten und unbestimmten Artikel im Text im richtigen Fall (Kasus).
b Bestimme den Fall (Kasus) der Präpositionen und der folgenden Wortgruppen.
Markiere sie so: Dativ, Akkusativ.

Eine Chemikerin forscht auf dem Gebiet der Stoffe. Sie benutzt **bei** d____ Analyse ihre fünf Sinne:

Der Geschmack verrät beispielsweise, ob ein Tee **mit** ein____ Stück Zucker oder **ohne** ein____ Zusatz

serviert wurde. Gold und Silber können wir **durch** d____ Farben auseinanderhalten, manche Gase **durch**

____ Geruch. Es gibt auch geruchlose Stoffe, wie zum Beispiel Erdgas. Damit man das Gas riecht, wenn

es **aus** ein____ defekten Leitung strömt, mischt man es **mit** ein____ stark riechenden Substanz.

3 **a** Umrahme alle Präpositionen mit Dativ (*Wem?*) und Wechselpräpositionen mit Dativ (*Wo?*).
Tipp: Die Wortgruppen mit Wechselpräpositionen sind fett gedruckt.
b Unterstreiche alle Präpositionen mit Akkusativ (*Wen?*).
c Ergänze die bestimmten und unbestimmten Artikel im richtigen Fall (Kasus).

Man zählt zu den Naturwissenschaften alle Wissenschaften auf dem Gebiet der Natur. **In** d____

Schule sind das Physik, Chemie und Biologie. Biologie ist bei d____ Schülern beliebt. Sie beschäftigt

sich mit d____ Lebewesen. Durch d____ Forschung **in** d____ **Chemie** kennen wir die Reaktionen der

Stoffe mit ein____ anderen Stoff. **In** d____ **Physik** geht es zum Beispiel um d____ Thema Energie.

Sie befasst sich unter anderem damit, wie Energie **in ein** ____ **Raum** und zu ein____ bestimmten

Zeit wirkt.

Das Verb

Information **Das Verb**

- Mit **Verben** gibt man an, **was jemand tut oder was geschieht,** z. B.: *Er bastelt mit Pappe.*
- Verben verändern im Satz ihre Form. Sie richten sich nach dem Wort, auf das sie sich beziehen. Diese Form heißt **Personalform,** z. B.: *Du machst ein Experiment oder ihr macht es zusammen.*
- Verben können in einer anderen **Zeitform (Tempus)** oder im **Imperativ** (Befehls- oder Aufforderungsform) stehen, z. B.: *Das Experiment gelang dir nicht? Versuche es noch einmal!*

1 Welches Verb passt? Streiche jeweils die falsche Verbform durch.

Mit einem Loch *wird/werden* die Schrift deutlicher!
Wenn man durch ein kleines Loch in einem Blatt auf einen Text *schaut/schauen, seht/sieht* man die Buchstaben deutlicher. Du *kann/kannst* das mit einem kleinen Experiment ausprobieren.

2 **a** Setze in Absatz **A** die Verben in Klammern in die richtige Personalform im Präsens.
b Setze in Absatz **B** die Verben in Klammern in den Imperativ (Aufforderungsform).

A Du _____ (stechen) mit einer Nadel ein Loch in die Mitte eines Blattes. Dann _____ (neh-

men) du ein Buch, _____ (halten) das Loch vor dein rechtes Auge und _____ (nähern) dich

dem Buch. Man _____ (können) statt des Buches auch einen Computerbildschirm nehmen. Wenn du

eine Brille _____ (tragen), dann _____ (sein) es besser, wenn du sie _____ (absetzen).

B _____ (halten) nun das Loch ganz dicht vor das Auge!

_____ (schauen) auf einen weiter entfernten Gegenstand!

3 **a** Forme aus den Silben im Kasten Verben aus dem Wortfeld *sehen*. Schreibe die Infinitive auf.

| ~~sen lin~~ • en schau • nen ken er • hen se • cken bli |

linsen,_____

b Ergänze die Verben in der richtigen Personalform im Präsens im Text. Die Reihenfolge bleibt gleich.

Das Loch im Blatt, durch das du auf ein Buch linst oder in eine Zeitung _____, funktioniert

wie eine Lupe. Man _____ die Buchstaben besser, denn sie sind größer, je näher man

herangeht. Du _____ auch alles schärfer, wenn du durch das Loch in die Ferne _____.

+ 4 Welche drei weiteren Verben findest du im Text in Aufgabe 3 b? Notiere sie im Infinitiv.

Das Adverb

Adverbien beschreiben, **wann, wo, wie** und **warum** etwas geschieht. Sie sind **nicht veränderbar.** Man unterscheidet:

- **Wann? Adverbien der Zeit,** z. B.: *manchmal, heute, danach.* → *In der Arktis ist es meist kalt.*
- **Wo? Adverbien des Ortes,** z. B.: *rechts, überall, drinnen, davor.* → *Dort leben nur wenige Tiere.*
- **Wie? Adverbien der Art und Weise,** z. B.: *gern, umsonst, besonders.* → *Wasser gefriert leicht.*
- **Warum? Adverbien des Grundes,** z. B.: *darum, deswegen.* → *Deshalb entstehen Gletscher.*

1 Alle Adverbien im folgenden Text sind fett markiert. Durch Fragen kannst du sie ermitteln.

a Finde zu den Fragen die passenden Adverbien im Text. Unterstreiche sie in der passenden Farbe.

- **Wo** schwimmen Eiswürfel?
- **Wann** läuft das Glas deshalb über?
- **Warum** läuft das Glas anschließend über?
- **Wie** beantwortet ein Experiment diese Fragen?

Eiswürfel im Glas

Schwimmen Eiswürfel in einem Getränk **oben** oder **unten?**

Läuft das Glas **anschließend**, wenn die Eiswürfel schmelzen, **deshalb** über?

Ein Experiment beantwortet diese Fragen **leicht.**

b Notiere die Adverbien aus dem Text in der passenden Tabellenspalte.

Wo?	Wann?	Warum?	Wie?
oben			

2 a Setze passende Adverbien aus dem Kasten in die Lücken ein. Achte auf die Fragen in Klammern.
b Ordne die Adverbien in die Tabelle in Aufgabe 1b ein.

> Jetzt • zuerst • danach • oben • draußen • besonders • sehr

Gib _____ (Wann?) Eiswürfel in ein leeres Glas, bis es halb

voll ist. Fülle es _____ (Wann?) randvoll mit Wasser.

Nach kurzer Zeit schwimmen die Eiswürfel _____ (Wo?). Stelle das Glas an einen Ort, an dem

es _____ (Wie?) warm ist, z. B. _____ (Wo?) auf den sonnigen Balkon.

_____ (Wann?) musst du _____ (Wie?) geduldig warten, bis die Eiswürfel

geschmolzen sind. Das Ergebnis: Nichts läuft über!

➕ 3 Unterstreiche die drei Adverbien in den folgenden Sätzen in den Farben wie bei Aufgabe 1.
Bei einer Klimaerwärmung steigt der Meeresspiegel überall. Darum sind Inseln stark betroffen.

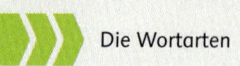

Adverbien verwenden

1 Setze passende Adverbien aus dem Kasten in die Lücken ein.
Tipp: Achte auf das Fragewort in Klammern und auf die Farbe.

> heutzutage • viel • aktiv • überall • oben • deshalb

Über die Klimaerwärmung wird _____ (*Wann?*) _____ (*Wie?*) geredet. Sie kommt

_____ (*Wo?*) auf der Welt vor. Schon kleinste Temperaturunterschiede bewirken, dass das Eis

_____ (*Wo?*) auf den Gletschern oder am Nord- oder Südpol schmilzt. Viele Menschen sind

_____ (*Warum?*) besorgt und setzen sich _____ (*Wie?*) für den Klimaschutz ein.

2 **a** Unterstreiche die Adverbien im Kasten in folgenden Farben:
Adverbien des Ortes, der Zeit, der Art und Weise, des Grundes.
b Setze passende Adverbien aus dem Kasten in die Lücken ein. **Tipp:** Achte auf das Fragewort.

> früher • dort • deshalb • sehr • mittags • frei

Wenn man an den Nord- oder Südpol reist, kann man _____ (*Wo?*) Eisberge im Meer sehen.

Das Phänomen ist nicht neu, sondern _____ (*Wie?*) alt. Menschen konnten _____ (*Wann?*)

bereits beobachten, wie sie entstehen. Wenn am Südpol die Sonne _____ (*Wann?*) stark scheint,

dann können von Gletschern Eismassen abbrechen und ins Meer stürzen. Das nennt man „kalben".

Die vielen Eisschollen schwimmen _____ (*Wie?*) auf dem Meer, werden zusammengeschoben und

_____ (*Warum?*) entstehen auf dem Meer riesige Eistürme.

3 Bestimme in der folgenden Erklärung zum Experiment aus ▶ Seite 47 die markierten Adverbien.
Unterstreiche sie wie angegeben: Adverbien des Ortes, der Zeit, der Art und Weise, des Grundes.

Das einfache Experiment „Eiswürfel im Glas" kannst du jederzeit daheim

ausprobieren: Du füllst ein Glas mit Wasser und legst Eiswürfel hinein,

sodass es randvoll ist. Die Eiswürfel schmelzen, aber das Wasser läuft

nicht über. Warum nicht? Hier ist die Erklärung: Im Glas ist immer der

gleiche Wasserstand. Das hängt mit dem Volumen und der Masse des

Wassers zusammen. Du hast die Begriffe vielleicht im Physikunterricht

kennengelernt. Wenn Wasser zu Eis gefriert, dehnt es sich aus. Das Volumen wird größer, aber das Ge-

wicht, die Masse bleibt stets gleich. Deshalb schwimmen die Eiswürfel oben und ragen über den Rand.

Teste dich! – Wortarten

1 **a** Finde die vier Nomen im Singular und unterstreiche sie so: <u>männlich</u>, <u>weiblich</u>, <u>sächlich</u>. ☐ /4

CHEMIEGLÄSERROHRDAMPFÖFFNENRIECHENFLAMMEGASE

b Zwei Nomen stehen im Plural. Notiere sie mit dem bestimmten Artikel im Singular. ☐ /2

_____

c Zwei Wörter sind keine Nomen. Notiere ihre Wortart: _____ ☐ /3

2 **a** Ergänze folgende Adjektive in der passenden Form im Text: _interessant, heiß, gefährlich_. ☐ /3

Du sollst sofort die Spülmaschine ausräumen? Das gehört nicht zu den _____

Beschäftigungen. Hier ein Tipp: Man sollte die Spülmaschine erst abkühlen lassen. Denn man könnte

mit dem _____ Dampf auch _____ Bakterien einatmen.

b Ergänze den Komparativ und Superlativ von „heiß". ☐ /2

heiß, _____

c Finde und bestimme die drei Adverbien im Text. Unterstreiche sie so: ☐ /6
Adverb <u>des Ortes</u>, <u>der Zeit</u>, <u>der Art und Weise</u>, <u>des Grundes</u>.

3 **a** Unterstreiche die Pronomen im Kasten farbig: ☐ /5
<u>Personalpronomen</u>, <u>Possessivpronomen</u>, <u>Demonstrativpronomen</u>.

wir • sein • unser •
mir • diese

b Ergänze die Pronomen passend in den Lücken. ☐ /5

_____ Lehrer ist nett. _____ gefällt _____ Unterricht. _____ Woche experimentieren _____ .

4 Markiere alle Präpositionen und umkreise die richtige Form des Artikels. ☐ /8

Unsere Schule hat ihr Angebot um _eine/einer_ AG erweitert. Sie bietet einmal in _der/die_ Woche

für _die/den_ siebten Klassen eine MINT-AG in _die/den_ Physikräumen an. Sie ist bei _die/den_ Schülerinnen

beliebt. Von _die/den_ 25 Plätzen waren die meisten mit _den/die_ Mädchen aus _die/der_ 7a belegt.

5 Prüfe deine Lösungen mit Hilfe des Lösungsheftes und errechne deine Punktzahl.

☺ 38–36 Punkte	☺ 35–19 Punkte	☹ 18–0 Punkte
Super! Du bist ein Profi.	Nicht schlecht. Wo hattest du Schwierigkeiten? Wähle passende Übungen auf den Seiten 38–48 aus.	Du musst noch üben. Arbeite die Seiten 38–48 gründlich durch.

Das Plusquamperfekt

Zeitformen der Vergangenheit: Das Plusquamperfekt

- Wenn es in der **Vergangenheit zwei Handlungen** gab, verwendet man für die **frühere Handlung** das Plusquamperfekt, z. B.:
  Nachdem wir alle Materialien hingelegt hatten, begannen wir mit dem Versuch.
  Bevor wir in das Labor kamen, waren wir auf dem Schulhof gewesen.
- Bildung: **Form von *haben/sein* im Präteritum + Partizip II** (*ge* + Verbstamm + *t/en*), z. B.:
  ich hatte gesehen, sie hatte gelernt, wir waren gelaufen.

1 Unterstreiche alle Personalformen im Plusquamperfekt in dem Bericht.
Tipp: Markiere Signalwörter wie *nachdem* oder *bevor*.

Einsatz gegen Plastik

Bei einem Wettbewerb für Jugendliche belegte die

13-jährige Schülerin Merit T. den zweiten Platz. Bevor sie

sich bewarb, hatte sie über verschiedene Forschungsideen

nachgedacht. Schließlich wählte sie das Forschungsthema

„Mikroplastik in Kosmetik", nachdem sie sich genauer über die Auswirkungen dieser winzigen

Plastikteilchen in unseren Meeren informiert hatte. Nachdem die Jury sie für das gelungene Projekt

ausgezeichnet hatte, gab sie ein Interview.

2 Achtung, Fehler!
a Unterstreiche in den Sätzen A, B und C, was weiter zurück in der Vergangenheit liegt.
b Schreibe die Sätze neu auf. Verwende für die Vorvergangenheit das Plusquamperfekt.

A Nachdem Merit die Kosmetikprodukte untersuchte, fasste sie die Ergebnisse zusammen.

B Bevor sie die Untersuchung abschloss, prüfte sie viele Produkte.

C Nachdem Merit den Versuch beendete, kaufte sie nur noch Produkte ohne Plastik.

➕ 3 **a** Unterstreiche bei den beiden folgenden Sätzen die Handlung, die weiter zurückliegt.
b Schreibe die Sätze als Satzgefüge mit *nachdem* in dein Heft. Verwende das Plusquamperfekt.

Merit stellte der Jury ihre Ergebnisse vor. Sie untersuchte viele Kosmetikprodukte.

Teste dich! – Das Tempus des Verbs

1 a Achtung Fehler!
Streiche die falschen Zeitformen durch. Schreibe die richtige Form darüber.
☐ /5 Punkte

Im Physikunterricht bauten wir gerade kleine Geräte. Gestern

erfinden wir eine Kaugummimaschine. Nachdem ich mit meiner

Lernpartnerin darüber spreche, beginnen wir mit der Herstellung.

In ein paar Tagen stellten wir die Maschine in unserer Klasse vor.

b Prüfe alle Verben im Text oben. Unterstreiche so: <u>schwache Verben</u>, <u>starke Verben</u>.
☐ /5 Punkte

c Ergänze und kreuze an.
☐ /3 Punkte

Im letzten Satz sind zwei Zeitformen möglich: _____ oder _____ . Mit beiden

Zeitformen kann man ausdrücken, dass etwas ☐ in der Vergangenheit ☐ in der Zukunft passiert.

2 a Ergänze die Verben in Klammern in der passenden Zeit- und Personalform.
☐ /9 Punkte

Der erste „Jugend forscht"-Gewinner

Bis heute _____ (beteiligen) sich viele Kinder und Jugendliche am Wettbewerb „Jugend

forscht". Da wir auch in Zukunft kreative Ideen _____ (brauchen),

_____ (hoffen) die Jury schon jetzt auf viele Bewerbungen. Der erste Gewinner dieses Wettbewerbs

_____ (sein) 1966 ein Berliner Schüler. Er _____ (beweisen), wie ein Computer

funktionierte. Nachdem er im Fachbereich Mathematik _____ (siegen),

_____ (reisen) er in die USA und _____ auch dort an einem Wettbewerb

_____ (teilnehmen). Dabei _____ (belegen) er mit seiner Idee den 3. Platz.

b Prüfe die Zeitformen und unterstreiche so:
<u>Präsens</u>, <u>Futur</u>, <u>Perfekt</u>, Präteritum , <u>Plusquamperfekt</u>.
☐ /5 Punkte

Wir haben uns auch beim Wettbewerb beworben. Nachdem wir lange getüftelt hatten,
stand die Idee fest. Ob wir gewinnen werden? Das ist unklar.

3 Prüfe deine Lösungen mit Hilfe des Lösungsheftes und errechne deine Gesamtpunktzahl.

☺ 27–25 Punkte	☺ 24–14 Punkte	☹ 13–0 Punkte
Super! Du kennst dich bestens aus!	Gar nicht schlecht! Wo hattest du Schwierigkeiten? Wiederhole passende Übungen auf den Seiten 50–54.	Du solltest weiter üben! Arbeite die Seiten 50–54 noch einmal gründlich durch.

Aktiv und Passiv

Aktiv- und Passivsätze unterscheiden

Aktiv und Passiv sind **Verbformen,** die ein Geschehen unterschiedlich darstellen:

- Im **Aktiv** wird betont, **wer** etwas tut oder handelt, z. B.: *Viele Leute verschicken Nachrichten.*
- Im **Passiv** steht die **Handlung** im Mittelpunkt, z. B.: *Nachrichten werden verschickt.*
- Das Passiv bildet man mit einer Form von ***werden*** + **Partizip II,** z. B.: *Es wird gemacht.*
- Mit dem **Passiv** kann man den **Handelnden verschweigen,** wenn er nicht wichtig oder unbekannt ist (z. B. bei Experimenten, Rezepten, Anleitungen, Kriminalfällen).
  Man kann **den Handelnden** aber auch im Passivsatz **mit *von* oder *durch* angeben,** z. B.: *Nachrichten werden von vielen Leuten verschickt.*
- **Aktiv** und **Passiv** werden in verschiedenen Zeitformen verwendet, z. B.:

	Aktiv	Passiv
Präsens	*ich frage*	*ich werde gefragt*
Präteritum	*ich fragte*	*ich wurde gefragt*
Perfekt	*ich habe gefragt*	*ich bin gefragt worden*
Plusquamperfekt	*ich hatte gefragt*	*ich war gefragt worden*

1 a Wie funktioniert eigentlich ein Handy? Lies dazu den Text.

Starke Wellen

Jeden Tag wird mit dem Handy nicht nur telefoniert.

Wir verschicken auch viele Nachrichten und Bilder.

Wie funktioniert die Übertragung? Beim Senden wird ein

Funksignal an eine Sendeanlage geschickt. Dieses Signal wird als

5 „elektromagnetische Welle" bezeichnet. Durch die Wellen breiten

sich die Signale in alle Richtungen im Raum aus. Dabei wird

unterschiedlich große Energie übertragen. Wissenschaftler

unterscheiden verschiedene Arten von elektromagnetischen

Wellen. Sonnenstrahlen bestehen zum Beispiel ebenfalls aus

10 solchen Wellen. Sie werden auf der Haut als Wärme

wahrgenommen. Die Funksignale für Handys strahlen dagegen

keine spürbare Wärme aus.

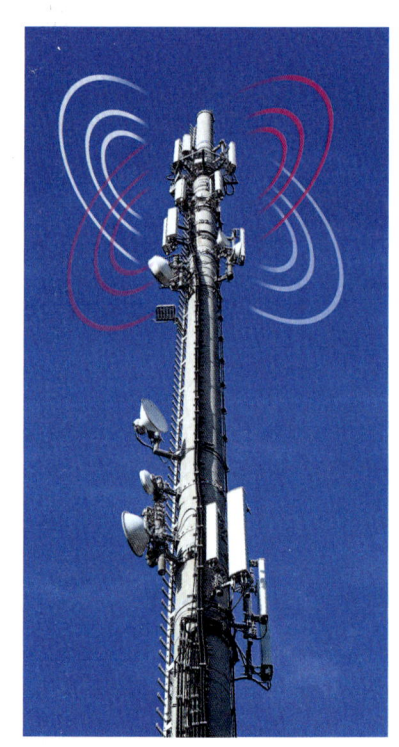

b Prüfe, welche Sätze im Text im Aktiv und welche im Passiv stehen:
  – Markiere zuerst alle Verbformen im Text.
  – Unterstreiche Aktivsätze rot und Passivsätze blau.
  – Umkreise den „Handelnden" in den Aktivsätzen.

⟩ **Tipp:** Passivsätze werden mit einer Form von „werden" gebildet. Die Verbform besteht daher immer aus mindestens zwei Teilen.

⊕ 2 Schreibe mit den folgenden Vorgaben einen Satz im Passiv und einen Satz im Aktiv mit *man* in dein Heft.
Handymasten – auf Hausdächern – oft – installieren

Aktiv- und Passivsätze verwenden

1 **a** Wie werden Daten auf dein Handy übertragen? Sieh dir die Abbildung genau an.

> **Aktiv- in Passivsätze umformen:**
> 1. Erfrage das **Akkusativobjekt** mit *Wen oder was?*
> 2. Verwende das Akkusativobjekt als **Subjekt** (*Wer oder was?*) am Satzanfang.
> 3. Bilde die **Passivform** des Verbs mit *werden* und dem Partizip II.

b Die Abbildung soll möglichst knapp beschrieben werden. Forme dazu die folgenden Aktivsätze ins Passiv um und verkürze sie, indem du den „Handelnden" weglässt.
Untersuche die Sätze zuerst mit Hilfe von Fragen:
 – Erfrage das Akkusativobjekt (*Wen oder was?*) und umrahme es.
 – Erfrage das Subjekt (*Wer oder was?*) und streiche es durch.

c Markiere alle Verbformen, z. B.: *schickt*. Notiere in der Klammer das Partizip II, z. B.: *geschickt*.

d Schreibe den Satz im Passiv auf. Das umrahmte Akkusativobjekt wird nun zum Subjekt am Satzanfang. Nutze die Verbform von *werden* und das Partizip II.

~~Das Handy~~ schick̲t̲ ein Funksignal an eine Sendeanlage. (geschickt)

Ein Funksignal wird _____.

Die Sendeanlage sendet die Daten an einen Computer. (_____)

_____

Der Computer leitet die Daten an eine andere Sendeanlage weiter. (_____)

_____

Diese Sendeanlage überträgt das Funksignal an das Empfängerhandy. (_____)

_____

2 **a** Umrahme den „Handelnden" mit *von* in den folgenden Passivsätzen.
 b Markiere alle Verbformen und schreibe die Sätze in Aktivsätze um.

SMS werden von Nutzern geschrieben und verschickt. Sie werden von Empfängern gelesen.

Nutzer schreiben und _____.

_____

Empfänger _____.

+ **3** Schreibe zwei Passivsätze aus Aufgabe 1 so auf, dass der „Handelnde" mit *von* erwähnt wird.

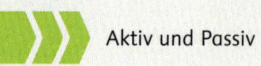

Aktiv und Passiv in verschiedenen Zeitformen

1 Trainiere die Bildung unterschiedlicher Zeitformen im Aktiv und Passiv: Ergänze die Tabelle.
Tipp: Lies die Übersicht der Zeitformen im Merkkasten auf ▶ Seite 56 noch einmal genau.
Markiere Besonderheiten der Passivbildung im Perfekt und im Plusquamperfekt.

	Aktiv	Passiv
Präsens	ich rufe	ich werde _____
Präteritum	ich _____	ich _____
Perfekt	ich _____ _____	ich _____ _____ _____
Plusquamperfekt	ich hatte _____	ich _____ _____

2 In den folgenden Sätzen im Aktiv sind die Zeitformen der Verben unterstrichen:
Präsens, Präteritum, Plusquamperfekt.
Schreibe die Aktivsätze in Passivsätze um. Vervollständige den Passivsatz in der richtigen Zeitform.
Tipp: Setze das markierte Satzglied im richtigen Fall (Kasus) an den Anfang des Passivsatzes.

A In Physik arbeiten wir gerade mit Funkwellen.

B Gestern führten wir einen Versuch durch.

C Wir hatten die Geräte aufgebaut.

D Dann starteten wir den Versuch.

A Mit Funkwellen wird gerade in Physik _____ .

B Ein Versuch _____ .

C _____

D _____

3 **a** Unterstreiche die Zeitformen der Verben so: Präsens, Präteritum, Plusquamperfekt.
b Schreibe die markierten Sätze ins Passiv um. Verwende jeweils die gleiche Zeitform wie im Text, z. B.:
Für den Versuch wurden … verwendet.

In Physik experimentierten wir mit Lichtwellen. Für den Versuch verwendeten wir eine Taschenlampe

und ein Prisma. Mit der Taschenlampe leuchteten wir auf das Prisma. Nachdem die Lampe das Prisma

angestrahlt hatte, erschienen an der Wand regenbogenfarbige Streifen. Die Erklärung: Weißes Licht

besteht aus unterschiedlichen Farben. Jede Farbe hat eine bestimmte Wellenlänge. Das Glas des Prismas

bricht jede Farbwelle anders. So fächert es weißes Licht in seine Farben auf.

Aktiv und Passiv

1 Aktiv oder Passiv?
Unterstreiche die Verbformen in den folgenden Sätzen wie angegeben. ☐ /4 Punkte

> Über 50 Millionen Menschen in Deutschland nutzen aktuell ein Smartphone. +++ Das Gerät
> wird beruflich und privat eingesetzt. +++ Das Smartphone wird immer weniger zum
> Telefonieren verwendet. +++ Die meisten Menschen versenden lieber Sprachnachrichten.

2 Schreibe die Sätze A und B ins Passiv um. Lasse dabei den „Handelnden" weg. ☐ /4 Punkte

A Beim Senden nutzt das Handy elektromagnetische Wellen.

_____

B Weltweit verschicken die Menschen riesige Datenmengen.

_____

3 a Präsens (PRÄ), Präteritum (PRÄT), Perfekt (PER) oder Plusquamperfekt (PLU)? ☐ /3 Punkte
Unterstreiche in den drei Aktivsätzen das Verb. Bestimme die Zeitform und
kreuze richtig an.
Tipp: Nicht alle Zeitformen werden verwendet.

	PRÄ	PRÄT	PER	PLU
2020 verschickten die Deutschen insgesamt 7 Milliarden SMS.				
Heute senden die Menschen weniger Kurznachrichten.				
Die Leute verwenden nun öfter Messengerdienste wie Whatsapp.				

b Schreibe die Sätze aus der Tabelle ins Passiv um. Achte auf die richtige Zeitform. ☐ /6 Punkte

_____

_____

_____

_____

4 Prüfe deine Lösungen mit Hilfe des Lösungsheftes und errechne deine Gesamtpunktzahl.

☺ 17–15 Punkte	☺ 14–9 Punkte	☹ 8–0 Punkte
Super! Du kennst dich bestens aus!	Gar nicht schlecht! Wo hattest du Schwierigkeiten? Wiederhole passende Übungen auf den Seiten 56–58.	Du solltest weiter üben! Arbeite die Seiten 56–58 noch einmal gründlich durch.

Wortbildung

Wörter neu bilden

Information ▶ **Wortzusammensetzungen und Ableitungen**

- **Wortzusammensetzungen** bestehen aus zwei oder mehr Wörtern, z. B.:
  der Eislöffel (Nomen + Nomen), *das Kochbuch* (Verb + Nomen), *hellblau* (Adjektiv + Adjektiv).
  Das **Grundwort** steht **hinten**. Es gibt an, was es ist, z. B.: *Ein Eisberg ist ein Berg.*
  Es bestimmt die Wortart und den Artikel, z. B.: *der Löffel* → maskulines Nomen.
  Das **Bestimmungswort** steht **vorn**. Es erklärt das Wort genauer, z. B.:
  Ein Eisberg ist ein Berg aus Eis.
  Manchmal muss man einen **Buchstaben** *(n, s)* **einfügen,** z. B.: *die Küchentür, das Lieblingseis.*
- Durch **Ableitungen** entstehen **Wörter mit neuer Bedeutung.** Man ergänzt den Wortstamm um
  Vorsilben (Präfixe) wie *be-, ent-, er-, miss-, ver-, zer-* oder *um.*
  Nachsilben (Suffixe) wie *-bar, -ig, -isch, -lich, -sam* (Adjektive), *-heit, -keit, -ung, -schaft* (Nomen).
  So entstehen neue Wörter, manchmal auch andere Wortarten, z. B.:
  Verben: *fallen → befallen, zerfallen;* **Adjektive:** *die Ruhe → ruhig;* **Nomen:** *enden → die Endung.*

1 Mit dem Nomen *Haus* kannst du viele neue Wörter bilden.

a Ergänze die gesuchten Wörter in Großbuchstaben. Verknüpfe hierfür entweder ein Adjektiv, ein Nomen oder ein Verb aus dem Kasten mit dem Nomen *Haus.*

1. HAUS _____

2. W O H N HAUS

3. HAUS _____

4. _____ HAUS

5. _____ HAUS

6. HAUS _____

1 von etwa zehn Metern Höhe •
2 Gebäude, in dem Menschen wohnen • **3** Person, die sich um Reparaturen in einem Haus kümmert •
4 Hütte aus Pappe fürs Kinderzimmer •
5 Gebäude mit mehr als zehn Stockwerken • **6** Person, die in einem Haus wohnt

BEWOHNER •
HOCH • HOCH •
~~WOHN(EN)~~ •
MEISTER • SPIEL(EN)

b Schreibe die zusammengesetzten Wörter geordnet auf.
Beachte die Groß- und Kleinschreibung.

Nomen + Nomen: _____

Adjektiv + Nomen: haushoch, _____

Verb + Nomen: _____

2 Notiere möglichst viele Wörter mit dem Wortstamm *-wohn-*. Markiere den Wortstamm.

wohnlich, _____

➕ **3** Finde weitere Wörter und Wortzusammensetzungen mit dem Wortstamm *-haus-*.
Schreibe sie in dein Heft, z. B.: das Puppenhaus, haushalten, …

Wortzusammensetzungen und Ableitungen

1 Wortzusammensetzungen aus Verben + Nomen gesucht! Ergänze die Lücken.
Tipp: Verknüpfe die markierten Wörter. Schreibe die Nomen groß.

+++ Eine Bratpfanne ist eine Pfanne, mit der man etwas braten kann. +++ Ein _____ ist

ein Griff, mit dem eine Tür geöffnet wird. +++ Die _____ ist eine Fläche, auf der man sitzen

kann. +++ Ein _____ ist ein Weg, auf dem man gehen kann. +++ Eine _____

ist eine Flasche, aus der man trinken kann. +++ Eine _____ ist eine Lampe, die steht. +++

2 **a** In den Sätzen fehlt jeweils ein Nomen, ein Verb und ein Adjektiv aus den Wortfamilien *-acht-* und
-end-. Bilde passende Wörter für die Lücken. Wähle dazu Vor- und Nachsilben aus den Vorgaben aus.

Vorsilben (Präfixe)	Wortstamm	Nachsilben	
be-, ent-, er-, miss-, ver-, zer- +	-acht- -end- +	-heit, -keit, -ung	(Nomen)
		-ig, -lich, -bar, -sam, -isch, -haft	(Adjektive)
		-en	(Verben)

-acht- Wenn wir jemanden _____, sind wir aufmerksam und zugewandt. +++ Sind wir

_____, passen wir besonders auf. +++ _____ heißt: Vorsicht! +++

-end- Wenn wir etwas _____, hören wir damit auf. +++ Die _____ eines Wortes

verrät uns, wie es geschrieben wird. +++ Wenn etwas _____ ist, ist es begrenzt. +++

Tipp: Du kannst passende Wörter aus den Kästen auswählen. Drei Wörter bleiben übrig.

> missachten • beachten • die Verachtung •
> die Achtung • achtsam

> beenden • die Endung •
> verenden • endlich

b Unterstreiche bei den Lückenwörtern den Wortstamm und markiere die Vorsilben und Nachsilben
in unterschiedlichen Farben.

3 **a** Bilde möglichst viele Wörter mit den angegebenen Wortstämmen.
Tipp: Bilde neue Nomen, Verben und Adjektive. Nutze die Vor- und Nachsilben aus Aufgabe 2.

-nutz- nutzbar, _____

-teil- die Teilung, _____

-freund- befreunden, _____

b Markiere in allen neu gebildeten Wörtern die Vor- und Nachsilben in unterschiedlichen Farben.

Satzglieder

Mit der Umstellprobe Satzglieder erkennen

1 **a** Subjekt, Dativobjekt oder Akkusativobjekt?
Erfrage die markierten Satzglieder. Nutze die passenden Fragen und schreibe sie darüber.
Tipp: Lies noch einmal genau das Merkwissen oben.
b Unterstreiche die Satzglieder wie angegeben: Subjekt, Dativobjekt, Akkusativobjekt.

Problemstoff und Alleskönner

(Wem?)

Dem Kunststoff verdanken wir einen bequemen Alltag.

Aber Plastik bereitet unserem Planeten Probleme.

Millionen Tonnen verschmutzen jedes Jahr unsere Umwelt.

c Schreibe den letzten Satz in einer geänderten Satzgliedstellung auf.

2 **a** Ermittle in den folgenden Sätzen das Subjekt, das Prädikat und die Objekte.
Tipp: Führe für jeden Satz die Umstellprobe in deinem Heft durch.
b Unterstreiche so: Subjekt, Dativobjekt, Akkusativobjekt. Umrahme in jedem Satz das Prädikat.
c In welchem Satz besteht das Prädikat aus zwei Teilen? Setze hier die Prädikatsklammer.

(1) Wir nutzen Plastik fast überall. (2) Der vielseitige Kunststoff erleichtert uns das Leben.

(3) Diesen Fortschritt verdanken wir der Forschung. (4) Heute müssen wir die Plastiknutzung reduzieren.

＋ **3** Ersetze in Satz (1) in ▸ Aufgabe 2 das Prädikat durch das Verb *einsetzen.*
Schreibe den Satz neu auf und ergänze die Prädikatsklammer.

Dativ- und Akkusativobjekt unterscheiden

1 Satzglieder gesucht!

a Bilde mit den Angaben in Klammern passende Satzglieder im richtigen Fall (Kasus).

b <u>Subjekt</u>, <u>Dativobjekt</u> oder <u>Akkusativobjekt</u>? Unterstreiche die Lückenwörter wie angegeben.

Ein glücklicher Zufall

Ein besonderer Kunststoff dient _____ (*die Schulen*) heute oft als Bodenbelag: PVC.

Entdeckt wurde _____ (*der Stoff*) vor über hundert Jahren durch Leo Hendrik Baekeland in

den USA. Wochenlang hatte _____ (*der Wissenschaftler*) herumgetüftelt und einen

neuen Stoff namens *Bakelit* erfunden. Aus Versehen ließ er _____ (*eine Probe*) in der Sonne

stehen. Damit gelang _____ (*der Chemiker*) etwas Besonderes. Er erfand das PVC.

c Notiere über den Lückenwörtern die Fragen, mit denen du die Satzglieder erfragen kannst.

2 a Stelle fest, aus wie vielen Satzgliedern der folgende Satz besteht. Schreibe ihn dafür in einer geänderten Satzstellung auf. Nutze den Satzanfang.

Ein Chemiker stellte 1907 seinem Publikum nach langem Tüfteln an einem sonnigen Tag

eine besondere Entdeckung vor.

<u>1907 stellte</u> _____

_____

_____

_____

b Unterstreiche im neuen Satz so: <u>Subjekt</u>, <u>Dativobjekt</u>, <u>Akkusativobjekt</u>.

3 Hier fehlt etwas!

a In den Sätzen (1) bis (4) muss jeweils ein Satzglied aus dem Kasten eingefügt werden. Kennzeichne die Stelle mit einem Strich und notiere den passenden Buchstaben.

(1) Die Herstellung von PVC glückte **B**|1907. (2) Sein deutscher Kollege Hermann Staudinger

untersuchte genauer. (3) Er stellte fest. (4) Dafür wurde der Nobelpreis verliehen.

> **A** ihm • **B** ~~einem amerikanischen Chemiker~~ • **C** eine besondere Zusammensetzung •
> **D** den neuen Kunststoff

b Schreibe den Text mit den ergänzten Satzgliedern neu in dein Heft.

c Bestimme die Art der ergänzten Satzglieder. Unterstreiche so: <u>Subjekt</u>, <u>Dativobjekt</u>, <u>Akkusativobjekt</u>.

Attribute unterscheiden

Information **Attribute unterscheiden**

- Ein Attribut beschreibt ein **Bezugswort** (meist ein Nomen) näher. Es ist **Teil eines Satzglieds** und bleibt bei der Umstellprobe mit dem Bezugswort verbunden, z. B.: *Wir verwenden Gegenstände aus Plastik.* → *Gegenstände aus Plastik verwenden wir.*
- Man unterscheidet verschiedene Formen des Attributs: **Adjektivattribut**, z. B.: *der neue Versuch*; **Präpositionalattribut**, z. B.: *das Gerät aus Metall*; **Genitivattribut**, z. B.: *der Name der Wissenschaftlerin.*

1 **a** Umrahme in den folgenden Sätzen alle Satzglieder.
Tipp: Führe die Umstellprobe in deinem Heft durch.

Planet Plastik

(1) Wir alle nutzen Produkte aus Plastik. (2) Das praktische Material bietet uns große Vorteile.

(3) Doch der Kunststoff schafft leider ein Müllproblem. (4) Durch die Herstellung des Kunststoffes wird

die Luft verschmutzt. (5) Das Wegwerfen von Plastik schadet der Natur. (6) Die Ozeane enthalten

gewaltige Plastikmengen. (7) Die Beseitigung des Mülls ist eine große Herausforderung.

b Der Text enthält vier Adjektivattribute, zwei Präpositionalattribute und zwei Genitivattribute.
Markiere sie wie angegeben. Als Hilfe sind die ersten beiden Markierungen vorgegeben.

2 Du kannst Sätze verkürzen, indem du Relativsätze in Attribute umformst.
a Bilde aus den folgenden drei Relativsätzen passende Satzglieder mit Attributen.
Schreibe sie in die passenden Tabellenspalten. Markiere das Attribut wie im Beispiel.

	Adjektivattribut	Präpositionalattribut	Genitivattribut
Müll, dessen Lösung ein Problem ist	–	–	die Lösung des Müllproblems
der Becher, der aus Kunststoff ist			
das Müllproblem, das groß ist			

b Verwende jedes Attribut in einem Beispielsatz, z. B.: Die Lösung des Müllproblems geht uns alle an.

+ 3 Erweitere *der Kunststoff* und *ein Müllproblem* in Satz (3) in Aufgabe 1 um passende Attribute, z. B.: *nützlich, riesig.* Schreibe den Satz neu in dein Heft und bestimme die Attribute.

Attribute verwenden

  1 a Geht es auch ohne Plastik? Bestimme die Satzglieder im folgenden Satz, indem du ihn in einer anderen Satzstellung aufschreibst. Ergänze dazu den Satzanfang.

Amerikanische Forscher entwickelten nach Monaten der Forschung eine Folie ohne Plastik.

Nach Monaten der Forschung _____

_____

b Welche Wortgruppen bleiben als Satzglied in beiden Sätzen immer zusammen? Umrahme sie.
c Prüfe, welche Attribute in den Satzgliedern verwendet werden. Markiere so:
Adjektivattribut, Präpositionalattribut, Genitivattribut.

2 Hier fehlen wichtige Informationen!
a Ergänze in den Lücken die Attribute aus dem Kasten.

> umweltfreundliche • aus Plastik •
> unnötiger • der Milch • besondere

Essen statt wegwerfen

Mit Folien _____ wollen wir Lebensmittel

länger frisch halten. Dadurch entsteht immer mehr _____ Müll.

Amerikanische Forscher haben jetzt eine _____ Folie entwickelt.

Dafür verwendeten sie einen bestimmten Bestandteil _____.

Das _____ Material lässt keine Luft durch und ist sogar essbar.

aus Milchprotein

b Bestimmte die Art der eingesetzten Attribute. Markiere so:
Adjektivattribut, Präpositionalattribut, Genitivattribut.

  3 Aus den unterstrichenen Relativsätzen kann man Attribute bilden.
a Kennzeichne mit Hilfe eines Pfeils, wen oder was der Relativsatz genauer beschreibt.

Das Material, das umweltfreundlich und stabil ist, kann Plastikfolie ersetzen.

Das Material, das die Forscher erfanden, kann bald im Alltag eingesetzt werden.

b Bilde aus den Relativsätzen Attribute und schreibe die Sätze neu auf.
Beachte: In den Sätzen mit dem Attribut fällt das Komma weg!

Das umweltfreundliche _____.

Das von _____.

Adverbiale Bestimmungen verwenden

Adverbiale Bestimmungen informieren über den **Ort**, die **Zeit**, die **Art und Weise** oder den **Grund**. Mit der **Satzgliedfrage** kann man ermitteln, welche adverbiale Bestimmung vorliegt:

Satzgliedfrage	Satzglied	Beispiel
Wann? Wie lange? Seit wann? Wie oft?	adverbiale Bestimmung der Zeit	*Seit wann* gibt es E-Mails? *Seit 1971* gibt es E-Mails.
Wo? Wohin? Woher?	adverbiale Bestimmung des Ortes	*Wo* entstand das erste Netzwerk? *In Amerika* entstand das erste Netzwerk.
Warum? Weshalb? Wieso?	adverbiale Bestimmung des Grundes	*Warum* entwickelte man E-Mails? *Aufgrund neuer Anforderungen* entwickelte man E-Mails.
Wie? Auf welche Weise?	adverbiale Bestimmung der Art und Weise	*Wie* entstand das erste Netzwerk? *Durch Verknüpfung von Datensträngen* entstand das erste Netzwerk.

1 Das Internet nutzt du fast jeden Tag.
Weißt du, wann, wo, warum und wie es erfunden wurde?

a Lies den Text, in dem einige adverbiale Bestimmungen markiert sind.

Vom „Arpanet" zum World Wide Web

Das heutige Internet wurde **in den 1960er-Jahren** (A) entwickelt. Ein amerikanischer Psychologe erfand

zur Verbesserung des Datenaustausches (B) ein einfaches Datennetzwerk. **An seiner Universität** (C)

entstand auf diese Weise das „Arpanet". 1971 konnte man die erste E-Mail verschicken. Schließlich

entstand 1989 **durch technische Weiterentwicklungen** (D) das World Wide Web.

b Um welche adverbiale Bestimmung handelt es sich jeweils bei den markierten Wortgruppen?
Schreibe die passende Frage auf. Nutze die Fragen im Merkkasten oben.
Notiere die passende Bezeichnung wie im Beispiel.

A Wann wurde das heutige Internet entwickelt? → adverbiale Bestimmung der Zeit

B _____

C _____

D _____

✚ 2 Informiere in einem Satz ausführlich über die Erfindung des Internets. Erweitere hierfür den folgenden Satz um verschiedene adverbiale Bestimmungen (*Wann? Wo? Wieso? Wie?*).
Das Internet wurde erfunden.
Schreibe in dein Heft, z. B.: Das Internet wurde in den 1960er-Jahren (Wann?) in … (Wo?) … erfunden.

Teste dich! – Die Satzglieder

1 Hier ist etwas durcheinandergeraten!
Herrscher durch das Verschicken von Botschaften schon vor über 5000 Jahren kommunizierten im alten Ägypten.

a Stelle fest, welche Wortgruppen Satzglieder bilden. Unterstreiche sie. ☐ /5 Punkte

b Schreibe die Satzglieder in einer sinnvollen Reihenfolge als Aussagesatz auf. ☐ /5 Punkte

c Bestimme die Satzglieder, indem du sie in beiden Sätzen so kennzeichnest: Subjekt, Prädikat, adverbiale Bestimmung der Zeit, des Ortes, der Art und Weise. ☐ /5 Punkte

2 Bestimme die Art der markierten Satzglieder, indem du ankreuzt: ☐ /6 Punkte
S = Subjekt, P = Prädikat, D = Dativobjekt, A = Akkusativobjekt

	S	P	D	A
Heute können wir anderen Menschen problemlos Briefe und E-Mails schicken.				
Früher war der Austausch von Botschaften nicht immer einfach.				
Die ersten Boten übermittelten die Nachrichten nur mündlich.				
Oft gingen Botschaften auf dem Weg verloren.				
Erst durch die Erfindung der Schrift kam es zum Austausch von Briefen.				
Das Internet ermöglicht uns einen noch schnelleren Austausch von Nachrichten.				

3 Kennzeichne die Attribute in den eingerahmten Satzgliedern. ☐ /3 Punkte
Markiere sie so: Adjektivattribut, Präpositionalattribut, Genitivattribut.

Die alten Römer hatten ein zuverlässiges Postsystem. Zu Fuß oder zu Pferd begann damals

der Austausch von Nachrichten. Gut ausgebaute Straßen ermöglichten den Transport der Post.

4 Prüfe deine Lösungen mit Hilfe des Lösungsheftes und errechne deine Gesamtpunktzahl.

☺ **24–22 Punkte**	☺ **21–12 Punkte**	☹ **11–0 Punkte**
Super! Du kennst dich bestens aus!	Gar nicht schlecht! Wo hattest du Schwierigkeiten? Wiederhole passende Übungen auf den Seiten 62–66.	Du solltest weiter üben! Arbeite die Seiten 62–66 noch einmal gründlich durch.

Sätze verknüpfen

Satzreihe und Satzgefüge unterscheiden

> **Information** **Satzreihe und Satzgefüge**
>
> - Eine **Satzreihe** ist ein Satz, der aus zwei oder mehr **Hauptsätzen** besteht. Die Sätze werden durch Komma abgetrennt und können durch eine Konjunktion verbunden sein, z. B.:
>   *Die Schülerin erfand neue Geräte, (denn) sie wollte anderen helfen.*
> - **Satzgefüge** sind Sätze mit einem Hauptsatz und mindestens einem **Nebensatz.** Nebensätze beginnen oft mit einer Konjunktion und werden durch ein Komma abgetrennt, z. B.:
>   *Die Lampe braucht keine Batterie, (weil) sie Körperwärme nutzt.* = nachgestellter Nebensatz
>   *(Weil) sie Körperwärme nutzt, braucht die Lampe keine Batterie.* = vorangestellter Nebensatz
>   *Die Lampe braucht, (weil) sie Körperwärme nutzt, keine Batterie.* = eingeschobener Nebensatz

1 **a** Konjunktionen gesucht! Wähle Konjunktionen aus dem Kasten und setze die nötigen Kommas.

Hauptsatz-Konjunktionen	Nebensatz-Konjunktionen
und • oder • aber • denn • doch	weil • dass • obwohl • damit • ~~wenn~~ • wie • als • nachdem • während • indem

> **Tipp:** Vor die Konjunktionen **und** oder **oder** muss man kein Komma setzen.

Licht für alle

Könnten wir Energie irgendwie anders herstellen, wenn wir ein besonderes Gerät benutzen?

Diese Frage stellte sich Ann Makosinski _____ sie erfahren hatte, wie viele Menschen auf der

Welt auf elektrischen Strom verzichten müssen. Die Kanadierin hatte schon als kleines Kind Geräte aus-

einandergebaut _____ sie wollte deren Technik genau verstehen. So wunderte es niemanden

_____ die Fünfzehnjährige eines Tages eine besondere Taschenlampe erfand. Diese leuchtet

_____ sie die Handwärme eines Menschen nutzt. Ann stellte ihre Erfindung auf einem welt-

weiten Wettbewerb vor _____ sie gewann den ersten Preis.

b Prüfe die Satzverknüpfungen. Unterstreiche so: Satzreihe, Satzgefüge.

2 Verknüpfe die beiden Sätze zu einem Satzgefüge (A) und zu einer Satzreihe (B). Setze das Komma.

Ann gewann den ersten Preis. Ihre Erfindung war besonders.

A Ann gewann den ersten Preis, _____ .

B _____

✚ 3 Schreibe den ersten Satz aus dem Text in Aufgabe 1 mit einem eingeschobenen Nebensatz in dein Heft.

Kausal- und Temporalsätze unterscheiden

> **Information** ⟩⟩ **Kausalsätze und Temporalsätze**
>
> - Mit **Kausalsätzen** kann man den **Grund** oder die **Ursache** einer Handlung oder eines Zustandes angeben. Man verwendet dazu häufig die Konjunktionen *da* und *weil*.
> - Kausalsätze können **adverbiale Bestimmungen des Grundes** ersetzen, z. B.:
>   *Wegen des Temperaturunterschieds entsteht Energie.*
>   → ***Weil** es einen Temperaturunterschied gibt*, entsteht Energie.
> - Mit **Temporalsätzen** kann man die **zeitliche Reihenfolge** deutlich machen. Man verwendet dazu Konjunktionen wie *während, bevor, nachdem, als.*
> - Man unterscheidet dabei zwischen **Vorzeitigkeit, Gleichzeitigkeit** und **Nachzeitigkeit,** z. B.:
>   ***Bevor** sie startete, … – **Während** sie startete, … – **Nachdem** sie gestartet war, …*
> - Temporalsätze können **adverbiale Bestimmungen der Zeit** ersetzen, z. B.:
>   *Vor dem Start prüfte sie die Verbindung.* → *Bevor sie startete*, prüfte sie die Verbindung.

1 **a** Unterstreiche im folgenden Text die beiden Temporalsätze.
Umrahme jeweils die Konjunktion.

> ## Strom für alle
>
> Ann Makosinski erfand ein neues Gerät, als sie einen heißen Kaffeebecher in der Hand hielt.
>
> Während ein heißes Getränk abkühlt, setzt es Energie frei.

b Wie kannst du die Information in den Nebensätzen jeweils erfragen? Notiere Fragen: *Wann …?*

Wann erfand Ann Makosinski _____ ?

_____ ?

2 **a** Unterstreiche in der folgenden Fortsetzung des Textes die beiden Kausalsätze.
Umrahme jeweils die Konjunktion.

> Die Kanadierin entwickelte kurz darauf einen besonderen Kaffeebecher. Dieser funktioniert wie
>
> ein elektrisches Gerät, weil der Temperaturunterschied zwischen außen und innen Spannung
>
> erzeugt. Man kann damit sogar sein Smartphone aufladen, da er einen USB-Anschluss besitzt.

b Erfrage die Information im Nebensatz jeweils mit dem Fragewort *Warum.*

Warum funktioniert dieser _____ ?

_____ ?

⊕ **3** Erkläre, warum die Erfindungen von Ann Makosinski unseren Alltag verbessern können. Nutze hierfür
Satzgefüge mit Kausal- und Temporalsätzen. Schreibe in dein Heft, z. B.:
Wir sparen Energie, weil die Taschenlampe … / Wir können unser Handy …, wenn …

Kausalsätze verwenden

1 a Nicht nur Abfall verschmutzt die Meere – auch winzig kleine Plastikteilchen: das Mikroplastik. Verknüpfe die beiden Sätze in A, B und C jeweils zu einem Satzgefüge mit einem Kausalsatz. Nutze die Konjunktionen *da* oder *weil.* Setze das Komma. Achte auf die richtige Wortstellung im Nebensatz.

A Wäschewaschen verursacht Probleme. Winzige Plastikteilchen gelangen dadurch ins Wasser.

Wäschewaschen verursacht Probleme, weil _____

_____ .

B Dieses Mikroplastik entsteht. Das Waschmittel weicht die Fasern von Kleidung auf.

_____

_____

C Eine Schülerin erfand einen Wasserfilter. Sie wollte etwas für die Umwelt tun.

_____

_____

b Unterstreiche in den Satzgefügen den <u>Kausalsatz</u> und umrahme die <u>Konjunktion</u>.

2 a In den folgenden Satzgefügen ist ein <u>Kausalsatz</u> eingeschoben. Unterstreiche ihn und setze die fehlenden Kommas.

A Mikroplastik landet weil Kläranlagen es nicht filtern können in unseren Meeren.

B Die Schülerin Leonie erfand da sie Abhilfe schaffen wollte einen besonderen Filter.

b Schreibe die Satzgefüge neu auf:
Setze den Nebensatz in Satz A an den Anfang und in Satz B ans Ende.

A Weil _____

_____

B _____

_____

3 Im folgenden Text sind adverbiale Bestimmungen des Grundes markiert. Ersetze sie im Heft durch Kausalsätze. Formuliere Satzgefüge mit einer passenden Konjunktion und setze die nötigen Kommas, z. B.: Eine Schülerin hat einen Filter für Mikroplastik erfunden, weil sie sich für …

Eine Schülerin hat wegen ihres Interesses am Umweltschutz einen Filter für Mikroplastik erfunden.

Aufgrund ihrer guten technischen Kenntnisse konnte sie das Gerät selbst zusammenbauen.

Wegen der starken Belastung unserer Gewässer ist ein solcher Filter nützlich.

Temporalsätze verwenden

1 **a** Unterstreiche im folgenden Text alle Temporalsätze. Umrahme jeweils die Konjunktion.

> ### Keine Chance für Diebe – Schüler erfindet Longboard-Schloss
>
> Der 13-jährige Benjamin ärgerte sich, als er sein Longboard nicht in den Klassenraum mitnehmen durfte. Nachdem er mit Freunden über das Problem gesprochen hatte, erfand er ein Longboard-Schloss. Damit ist sein Board draußen sicher angeschlossen, während er im Unterricht sitzt. Bevor er das Schloss bauen konnte, hatte er ziemlich lange daran herumgetüftelt.

b Prüfe, ob das Ereignis im Nebensatz vor dem Ereignis im Hauptsatz, danach oder gleichzeitig abläuft. Notiere VZ (Vorzeitigkeit), GZ (Gleichzeitigkeit) oder NZ (Nachzeitigkeit) über dem Nebensatz.

2 Wandle die markierten adverbialen Bestimmungen im folgenden Text in Temporalsätze um. Nutze passende Konjunktionen aus dem Kasten und setze die Kommas.
Tipp: Verwende für die Vorzeitigkeit das Plusquamperfekt.

> Während … • Bevor … • Nachdem … • Wenn … • Als …

> Während der Entwicklung des Schlosses probierte der Schüler verschiedene Materialien aus. Vor dem ersten Einsatz stellte er das Ergebnis seinen Freunden vor. Nach der Fertigstellung konnte er sein Longboard vor der Schule anschließen.

Während er das Schloss entwickelte,

_____

_____

_____

_____

3 Verbessere den Zusammenhang der folgenden Sätze, indem du sie im Heft sinnvoll zu Satzgefügen mit Temporalsätzen verknüpfst. Nutze die Konjunktionen *als*, *nachdem* oder *während* und setze die nötigen Kommas, z. B.: Der 13-jährige Benjamin löste ein Alltagsproblem, als er …

> Der 13-jährige Benjamin löste ein Alltagsproblem. + Er erfand ein Schloss für sein Longboard. •
> An seiner Schule mussten Sportgeräte draußen bleiben. + Die Schüler saßen im Unterricht. •
> Benjamin entschied sich für den Bau eines Longboard-Schlosses. + Er prüfte verschiedene Lösungen. •
> Der Schüler begeisterte seine Mitschüler. + Er stellte seine Erfindung in der Schule vor.

Relativsätze verwenden

1 **a** Wie gut kennst du dich mit Computerspielen aus?
Erkläre die drei Begriffe mit Relativsätzen aus dem Kasten unten. Setze jeweils das Komma.

Minispiel

Das ist ein kurzes _____

Computerspiel, das _____

_____

_____ .

E-Sportlerin

Das ist eine Frau _____

_____

_____

_____

Highscore-Tabelle

Das ist eine Übersicht _____

_____

_____

_____

die die besten Ergebnisse eines Spiels anzeigt • das in einem anderen Spiel enthalten ist • die das Computerspielen zu ihrem Beruf gemacht hat

b Umrahme in jedem Relativsatz das Relativpronomen. Kennzeichne durch eine Markierung, auf welches Wort oder auf welche Wörter sich das Relativpronomen bezieht.

2 Ergänze im folgenden Text die Relativpronomen. Wähle aus dem Kasten aus. Setze die Kommas.
Tipp: Achtung, bei eingeschobenen Relativsätzen musst du zwei Kommas setzen!

der • die • das • welche • welche • welches

Die ersten Computerspiele

Eines der ersten Computerspiele war „OXO" _____

1952 erfunden wurde. Dabei erschienen auf einem Spielfeld Zeichen _____ die Spieler eingaben.

1958 begeisterte ein Amerikaner _____ das Spiel „Tennis for Two" entwickelte die Computerspiel-

fans. Zu den Spielen _____ heute weltweit verbreitet sind gehört das Fußballspiel „FIFA".

➕ 3 Schreibe den ersten Satz in Aufgabe 2 mit eingeschobenem Relativsatz auf: „OXO", das …

Attribute in Relativsätze umwandeln

> **Attribute** sind Teile eines Satzglieds und beschreiben ein Nomen näher (▶ S. 64).

  1 Man kann Attribute in Relativsätze umwandeln.

a Bilde aus den markierten Attributen einen Relativsatz und schiebe ihn im ersten Satz ein. Nutze das Relativpronomen *die*.
Setze die beiden Kommas.

Computerspiele helfen beim Lernen. Sinnvoll sind abwechslungsreiche und intelligente Computerspiele.

Computerspiele, die abwechslungsreich und intelligent sind,_____.

Lernspiele trainieren das Gedächtnis. Gut sind leicht verständliche und unterhaltsame Lernspiele.

_____

_____

b Prüfe die eingeschobenen Relativsätze:
– Markiere die beiden Kommas und umrahme jeweils das Relativpronomen.
– Kennzeichne mit Hilfe eines Pfeils, worauf sich der Relativsatz jeweils bezieht.

2 Die folgenden Sätze werden besser lesbar, wenn du die Attribute in Relativsätze umformulierst.
Gehe so vor:
– Umrahme jeweils das Nomen, das durch das grau markierte Attribut genauer erklärt wird.
– Schreibe die Attribute in Relativsätze um. Nutze die Vorgaben im Kasten. Setze die Kommas.

> ~~die du täglich am Computer verbringst~~ • die von Nutzern verfasst wurden •
> die du an der frischen Luft verbringst • die nicht für dein Alter angemessen sind

Tipps zum Umgang mit Computerspielen

Du solltest die täglich am Computer verbrachte Spielzeit begrenzen.

Du solltest die Spielzeit, die du täglich am Computer verbringst,_____

_____.

Du solltest auf nicht für dein Alter angemessene Spiele verzichten.

_____

Du solltest an der frischen Luft verbrachte Zeiten einplanen.

_____

Du kannst die von Nutzern verfassten Erfahrungsberichte lesen.

_____

3 Die folgenden kurzen Relativsätze kannst du in Attribute umwandeln.
– Markiere im Relativsatz die Information, die du zu einem Attribut umformen kannst.
– Schreibe den Satz neu auf.

Du solltest auf Computerspiele, die brutal sind, verzichten.

Du solltest auf brutale   .

Du solltest Freundschaften, die wichtig sind, nicht vernachlässigen.

_____

Du solltest Lernspiele, die intelligent sind, bevorzugen.

_____

Achte nach Spielphasen, die lang sind, auf Bewegung.

_____

  a Der folgende Text enthält einige umständliche Formulierungen mit Attributen.
Verbessere die Lesbarkeit, indem du die Attribute in Relativsätze umformst. Gehe so vor:
– Markiere in den Sätzen Attribute, die du sinnvoll in Relativsätze umformulieren kannst.
  Kennzeichne mit einem Pfeil, auf welches Wort sich das Attribut bezieht.
– Bilde aus den markierten Attributen Relativsätze. Schreibe den Text neu in dein Heft und setze
  die nötigen Kommas.
  Beginne so: Das Spiel „Super Mario", das …

Computerspiele erobern die Welt

Das überall auf der Welt erfolgreiche Spiel „Super Mario" gehört zu den ersten Computer-

spielen. Der lustig über Hindernisse laufende Klempner begeisterte die Fans. Mittlerweile

zählen Computerspiele zu den weltweit am liebsten ausgeübten Freizeitbeschäftigungen.

---

b Auch die Fortsetzung des Textes muss überarbeitet werden:
Forme zu kurze Relativsätze in Attribute um.
– Markiere die Relativsätze. Kennzeichne mit einem Pfeil,
  auf welches Wort sie sich jeweils beziehen.
– Schreibe die Sätze neu in dein Heft, z.B.:
  Viele brutale Actionspiele …

Viele Actionspiele, die brutal sind, werden kritisiert.
Abenteuerspiele, die kreativ sind, fördern dagegen die Fantasie und Strategiespiele, die knifflig

sind, trainieren das Gedächtnis. In der Schule sorgen Computerspiele, die intelligent sind, für

Abwechslung.

Teste dich! – Adverbial- und Relativsätze

1 **a** Konjunktionen gesucht!
Wähle passende Verknüpfungswörter
aus dem Kasten und ergänze die Lücken.
Tipp: Nicht alle Konjunktionen passen.
b Setze die fehlenden Kommas.

und • weil • oder •
doch • wenn • als •
aber • denn

/4 Punkte

/4 Punkte

Der Erfinder der Spielkonsole

Die erste Spielkonsole wurde vor über 50 Jahren erfunden _____ sie wurde ein großer

Erfolg ☐ . Ein amerikanischer Ingenieur hatte eines Tages eine Idee _____ er sich auf dem

Nachhauseweg befand ☐ : Familien sollten etwas spielen _____ sie abends vor dem

Fernseher saßen ☐ . Vielen wurde nämlich vor dem Bildschirm schnell langweilig _____ es

damals nur drei Programme gab ☐ .

c Satzreihe (SR) oder Satzgefüge (SG)? Prüfe, um welche Satzverknüpfung es sich
handelt, und ergänze die passende Abkürzung in den Kästchen.

/4 Punkte

d Finde im Text ein Satzgefüge mit einem <u>Temporalsatz</u> und ein Satzgefüge mit
einem Kausalsatz. Unterstreiche die Nebensätze wie angegeben.

/2 Punkte

2 Verknüpfe die beiden Sätze in A und B jeweils zu einem Satzgefüge mit einem
Relativsatz. Verwende ein passendes Relativpronomen und setze das Komma.

/4 Punkte

A Ralph Baer entwickelte eine Spielkonsole. Die Spielkonsole baute er 1972.

_____

B Nach einem Jahr entstand das erste Gerät. Das Gerät hieß „Brown Box".

_____

3 Schreibe das markierte Attribut in einen Relativsatz um.

/2 Punkte

Die in heutigen Spielen üblichen Töne und Bilder gab es damals noch nicht.

_____

4 Prüfe deine Lösungen mit Hilfe des Lösungsheftes und errechne deine Gesamtpunktzahl.

☺ 20–18 Punkte	☺ 17–10 Punkte	☹ 9–0 Punkte
Super! Du kennst dich bestens aus!	Gar nicht schlecht! Wo hattest du Schwierigkeiten? Wiederhole passende Übungen auf den Seiten 68–74.	Du solltest weiter üben! Arbeite die Seiten 68–74 noch einmal gründlich durch.

Rechtschreibstrategien anwenden

Wörter schwingen und verlängern

Methode >	**Wörter schwingen und verlängern**

- Beim **Schwingen** kannst du die Schreibung eines Wortes hören: **Sprich beim Schreiben** die **Silben** leise und langsam mit. **Prüfe nach dem Schreiben,** ob du richtig geschrieben hast. Zeichne dazu die **Silbenbögen** unter jede Silbe und **sprich leise mit,** z. B.:
  der Sport un ter richt.
- Am Ende eines Wortes klingen *d* oder *t, g* oder *k, b* oder *p* gleich, z. B.: *das Feld, er lag, gelb*. Wenn du das Wort um eine Silbe verlängerst und schwingst, kannst du hören, wie man es schreibt, z. B.:
  das Feld – denn: *die Felder, er lag* – denn: *sie lagen, gelb* – denn: *gelbe*.

1 a Die folgenden Wörter enthalten Fehler. Schwinge die Wörter und zeichne Silbenbögen ein.
   b Verbessere die Wörter und schreibe sie rechts in die Tabelle.

Vorsicht Fehler!

das Gerätetunen	das Ge rä te tur nen
der Hindenislauf	
die Schnochelmaske	
die Reiterstiefl	
der Segelfieger	
der Turnweltmeiter	

2 Weise nach, dass die folgenden Wörter mit *d* geschrieben werden: Notiere je ein Verlängerungswort.

der Freund • das Bad • die Wand • der Strand • das Lied • die Geduld

die Freunde, _____

_____

3 Schreibt man die folgenden Wörter am Wortende mit *d* oder *t, g* oder *k, b* oder *p*?
Prüfe die Schreibung: Notiere ein Verlängerungswort und streiche den falschen Buchstaben durch.

der Helt/d die Helden   der Mittak/g _____   der Typ/b _____

der Zustant/d _____   der Vertrak/g _____   der Diep/b _____

die Vorschrift/d _____   der Kriek/g _____   der Erfolk/g _____

die Not/d _____   der Aufzuk/g _____   der Korp/b _____

+ 4 Diese Wortpaare werden gleich ausgesprochen, aber unterschiedlich geschrieben. Erkläre im Heft die verschiedenen Bedeutungen der Wörter und begründe ihre Schreibung.

das Rad / der Rat   der Bund / bunt

Einsilbige Verbformen verlängern

1 **a** Markiere bei den folgenden Verben die Stelle, an der man anders schreibt, als man spricht.
b Mache die Stelle hörbar, indem du die Verben verlängerst, z. B.: *sie schreibt – schrei**b**en.*
Notiere das Verlängerungswort auf der Zeile.

> sie schrei**b**t • er schweigt • sie glaubt • er bringt • ihr tobt • ihr siegt • er blieb

schreiben, _____

_____

2 In dem Wortgitter verstecken sich waagerecht und senkrecht insgesamt 8 einsilbige Verbformen, die verlängert werden müssen. Markiere sie und schreibe sie mit dem Verlängerungswort auf.

L	E	B	T	C	J	P	K	P	V
M	P	H	W	D	F	R	L	Ü	J
D	T	S	Z	G	R	Ö	E	M	X
J	R	H	D	P	A	G	B	T	I
A	Ä	R	Y	R	G	L	T	Y	L
H	G	G	R	L	T	W	K	H	R
L	T	R	C	T	I	E	X	S	A
R	A	Z	M	Z	E	I	G	T	U
Q	S	A	G	T	Z	N	P	T	B
N	U	S	T	A	U	B	T	M	T

fragt – fragen, _____

_____

_____

_____

_____

_____

3 Verlängere die 6 markierten Verben im folgenden Text und streiche den falschen Buchstaben durch. Schreibe die Wörter mit dem Verlängerungswort auf die Zeile.

> Wer Sport macht, **bleip/bt** ausgeglichen und munter. Eine Untersuchung **zeik/gt**, dass Sport auch den Blutdruck **senk/gt**. Wenn du regelmäßig Sport **treip/bst**, **lep/bst** du gesund. Ob Tischtennis, Judo, Tanzen oder Einradfahren – es **gip/bt** für jede und jeden eine passende Sportart!

bleibt – bleiben, _____

_____

4 Welche beiden Adjektive im Text von Aufgabe 3 musst du verlängern, damit du die Schreibweise am Ende hören kannst? Notiere sie mit dem Verlängerungswort.

_____

Wörter zerlegen und verlängern

> **Methode** > **Wörter zerlegen und verlängern**
>
> In **zusammengesetzten Wörtern** können sich Verlängerungsstellen mit **b, d** oder **g** verstecken. Du kannst diese Stellen klären, indem du die Wörter erst **zerlegst** und dann **verlängerst,** z. B.: *der Rad|fahrer* – denn: *die Rä **d**er, das End|spiel* – denn: *en **d**en.*

1 a Markiere in den zusammengesetzten Wörtern die unklare Stelle.
  b Schreibe die Wörter mit *b, d* und *g* mit einem Verlängerungswort auf die Zeilen.

> die Han**d**schuhe • die Weltkarte • der Standpunkt • der Stabhochsprung • das Kalbfleisch •
> die Windräder • die Feldwege • die Brotscheibe • das Abendessen • der Schwertfisch •
> die Landwirtschaft • die Strandkörbe • der Diebstahl • die Schranktür • die Bergsteiger

die Han**d**lschuhe – denn: die Hände,

_____

_____

2 a Unterstreiche in den folgenden Sätzen Wörter, die du zerlegen und verlängern musst.
  b Schreibe die markierten Wörter in dein Heft. Markiere die unklare Stelle und notiere ein Verlängerungswort, z. B.: *der Rad**d**|sport – denn: die Räder.*

> Das Endspiel der Fußballweltmeisterschaft wird alle vier Jahre
>
> mit Spannung erwartet.
>
> Die Tour de France ist das bekannteste Ereignis im Radsport.
>
> Aus den Olympischen Spielen siegreich hervorzugehen,
>
> gilt als der Höhepunkt im Spitzensport.
>
> Bei den Paralympics kämpfen die weltbesten Sportlerinnen
>
> und Sportler mit Behinderungen um die Goldmedaillen.
>
> Beim Weltcup im Kanufahren paddeln Athletinnen und Athleten
>
> auf Slalomstrecken im Wildwasser.

3 Achtung, Wortsalat! – Hier sind zusammengesetzte Wörter durcheinandergeraten.
Trenne die Wörter und setze sie passend zusammen. Schreibe die richtigen Zusammensetzungen mit Begleiter in dein Heft. Markiere die Verlängerungsstelle und schreibe ein Verlängerungswort dazu, z. B.: *der Wal**d**|läufer – die Wälder, der Flu**g**|hafen – die Flüge.*

> ~~der Flug|läufer~~   der Sandhochsprung   ~~der Wald|hafen~~
> die Endstille   der Windspurt   der Stabkasten
> der Radsteiger   der Bergschläger

Ableiten – Wörter mit *ä* und *äu*

Methode	Wörter mit *ä* und *äu* ableiten

Den Vokal **e** und den Umlaut **ä** sowie die Doppellaute **eu** und **äu** kann man leicht verwechseln.
- Normalerweise schreibt man **e** oder **eu,** z. B.: *die Welt, die Leute.*
- Wenn es **verwandte Wörter mit *a* oder *au*** gibt, dann schreibt man **ä** oder **äu,** z. B.:
  er trägt – denn: *tragen, läuten* – denn: *laut.*

Tipp: Wenn es kein verwandtes Wort mit *a* gibt, musst du dir das Wort **merken,** z. B.: *der Bär.*

1 *e* oder *ä*? Notiere das Ableitungswort mit *a* daneben und ergänze ein *ä*.
Gibt es kein verwandtes Wort, zeichne einen Strich neben das Wort und ergänze ein *e*.

die Kr__fte	die Kraft
die K__lte	
der L__nker	

das R__tsel	
der Schm__rz	
die Schn__bel	

die H__rte	
der J__ger	
die W__rme	

2 Im folgenden Schülerzeitungsbericht sind 9 Wörter falsch geschrieben.
Verbessere die Fehler und notiere als Beleg ein verwandtes Wort mit *a* oder *au* am Rand.

Bei bestem Fußballwetter fand am 1. Juni das Fußballturnier der 7. Klassen

statt. Alle hatten davon geträumt *(äu)*, den Pokal zu gewinnen. Im Endspiel   der Traum

trafen die Mannschaften der 7b und der 7c aufeinander. Beide Teams kempften

mit höchstem Einsatz, konnten aber kein Tor erzielen. In der Pause kamen die

erschöpften Spieler im Schatten zu Kreften. In der zweiten Halbzeit wurde Milo T.

zur Versterkung der 7b eingewechselt, es gelang jedoch keine Enderung des

Spielstands. Die Leufer beider Mannschaften quelten sich sehr. Am Ende konnte

Kaya L. aus der 7b mit einem Tor in der letzten Minute glenzen und verhinderte

so eine Verlengerung.

3 Wörter mit *ä* und *äu* gesucht! Trage die gesuchten Wörter mit *ä* oder *äu* ein. Im Kasten findest du
Hilfen. Die markierten Kästchen ergeben von oben nach unten gelesen ein Lösungswort mit *ä*.

1. Gegenstände beim Turnen wie Barren, Reck, Kasten → G _ Ä _ _ _
2. ein Sportler, der einen Tanz ausübt →
3. Teilnehmer an einem Wettkampf → W _ _ _ _ _ _ _ _
4. Gefühl, wenn man trotz großer Hoffnung verliert →
5. die wichtigste Fähigkeit beim Gewichtheben →
6. ein Sportler, der schnell oder weit rennt →

Lösung: ☐ ☐ ☐ ☐ ☐ ☐

Stärke • Geräte • Tänzer •
Enttäuschung • Wettkämpfer • Läufer

Die Strategien anwenden

1 **a** Übe das Schwingen. Lies den Text und ziehe Silbenbögen unter die gelb markierten Wörter.

b Bei 10 Wörtern ist eine schwierige Stelle hervorgehoben. Überlege, welche Strategie dir jeweils hilft, und zeichne das passende Zeichen über das Wort:

Radeln als Outdoorsport

Radfahren ist ein Sport, der sich für junge wie für **ä**ltere Menschen

eignet. Mit der ganzen Familie oder mit Freundinnen und Freunden kannst du einen Ausflu**g** mit den

R**ä**dern machen. Wer die Natur lie**b**t, nutzt Ra**d**wege durch Felder und W**ä**lder. Aber auch in

St**ä**dten l**ä**sst sich viel per Ra**d** erkunden! Sicher gibt es in deiner N**ä**he viele sehenswerte Orte.

2 Schreibe über die markierten Wörter die Strategiezeichen, die dir bei der richtigen Schreibung helfen:  2 Wörter, 5 Wörter, 2 Wörter, 1 Wort. Ergänze Beweiswörter, wo es nötig ist.

Radfahren lernen

Kannst du dich noch daran erinnern, wie du das erste Mal Rad gefahren bist? Früher haben Kinder

ihre ersten Fahrversuche oft mit Hilfe von Stützrädern gemacht, die man neben das Hinterrad

schraubt. So kam das Kind weniger ins Wackeln. Für das sichere Fahren waren aber dennoch viel

Übung und Geduld nötig. Heute sieht man immer mehr Laufräder. Damit übt ein Kind schon früh,

das Gleichgewicht zu halten. Dies stärkt das Selbstbewusstsein, um rasch auf ein Fahrrad mit Peda-

len umzusteigen. So können viele Kinder heute schon vor dem Beginn der Grundschule allein radeln.

3 **a** Markiere im folgenden Text je drei Beispielwörter zum Verlängern, Ableiten und Zerlegen. Trage die Wörter passend in die Tabelle unten ein und ergänze jeweils ein Beweiswort.

b Ein Wort mit *ä* im Text hat kein verwandtes Wort mit *a* – es ist ein Merkwort. Umkreise es.

Vorteile des Radfahrens

Radfahren ist gesund, denn man muss über eine längere Zeit kräftig in die Pedale treten. Rennrad-
fahrer schaffen im Schnitt 40 km/h! Wenn man neben den Rädern herläuft, erkennt man oft nur
noch eine Staubwolke. Durch den Radverkehr verringern wir die Belastung durch Lärm und Schad-
stoffe in den Städten. Das ist ein Erfolg für unser Klima!

Verlängern 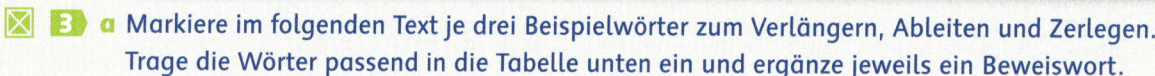	Ableiten	Zerlegen + Verlängern
		Rad|fahren, denn: die Räder

Die Strategien anwenden

1 **a** Vorsicht, Fehler! Schwinge die Wörter und zeichne Silbenbögen ein. ⌣ ⬚ /4 Punkte
   b Verbessere die Wörter und schreibe sie richtig auf.

die Weltmeiserschaft	der Rückwärtsalto
das Schlittenrenen	die Extremsportartn

2 **a** Welche der <u>unterstrichenen</u> zusammengesetzten Wörter haben eine unklare Stelle ⬚ /3 Punkte
      und müssen zerlegt und verlängert werden? Markiere die Verlängerungsstelle. ⊕
   b Streiche bei den fettgedruckten Verben den falschen Buchstaben durch. ⬚ /3 Punkte
   c Belege die richtige Schreibung der Wörter aus den Aufgaben 2a und b
      durch ein Beweiswort. Schreibe es auf die Linie. ⬚ /6 Punkte

Die Spielleiterin **glaup/bt**, in der <u>Nachspielzeit</u> ein <u>Handspiel</u> gesehen zu haben.

_____

Für das Training im Weitsprung **siep/bt** der <u>Hausmeister</u> den Dreck aus der <u>Sandgrube</u>.

_____

Durch einen <u>Windstoß</u> **fliek/gt** der <u>Federball</u> ins Aus.

_____

3 **a** e oder ä, eu oder äu? – Einige der folgenden Wörter sind falsch geschrieben. ⬚
      Markiere die Fehlerstellen.
   b Verbessere die Wörter und notiere ein verwandtes Wort mit a oder au. ⬚ /8 Punkte
      Nutze die Schreibzeilen.

> die Feden   lecherlich   die Bräute   die Werme   die Schleuche
>
> die Reume   die Verkäuferin   der Wettkempfer   die Sterke   gefehrlich

_____

_____

4 Prüfe deine Lösungen mit Hilfe des Lösungsheftes und zähle deine Punkte zusammen.

☺ **24–23 Punkte**	☺ **22–11 Punkte**	☹ **10–0 Punkte**
Super! Du bist ein Profi!	Nicht schlecht! Welche Strategien solltest du weiter üben?	Noch nicht so gut. Wiederhole die Übungen auf den Seiten 78–82.

Rechtschreibregeln anwenden

Doppelkonsonanten

Doppelkonsonanten schreibst du nur, wenn im zweisilbigen Wort **die erste Silbe geschlossen** ist, also mit einem Konsonanten endet, z. B.: *der Schli**t** **t**en*.
Wenn die **zweite Silbe** mit einem **anderen Konsonanten beginnt,** verdoppelst du den Konsonanten am Ende der ersten Silbe nicht, z. B.: *die Ka**n** **t**e*.

1 Schwinge die Wörter und zeichne Silbenbögen. Sortiere die Wörter dann in die passende Liste ein.

> ~~falten~~ • ~~stoppen~~ • schwimmen • tanzen • fallen • bitten • das Plastik • der Füller •
>
> die Treppe • die Wolke • warten

zwei unterschiedliche Konsonanten	Doppelkonsonanten
fal ten,	stop pen,

2 In dem Wortgitter sind waagerecht und senkrecht 9 Nomen versteckt.
a Markiere Wörter mit unterschiedlichen Konsonanten gelb und mit Doppelkonsonanten grün.
b Schreibe die 9 Nomen auf die Zeilen. Ergänze die Artikel und denke an die Großschreibung.

T	A	N	N	E	P	C	V	L	W	L
D	M	O	V	P	E	R	S	O	N	Ü
K	J	S	L	H	X	R	L	L	S	Q
A	W	P	F	E	F	F	E	R	L	U
S	U	W	A	M	R	D	Ü	Y	P	E
T	N	S	M	B	Z	E	T	T	E	L
E	D	W	P	Q	L	Ö	F	F	E	L
N	E	R	E	R	P	M	S	N	L	E
W	C	E	L	H	N	F	N	E	V	W

die Tanne,

3 Mit oder ohne Doppelkonsonant? Setze jeweils das richtige Wort in die Lückensätze.

> der Rasen / die Rassen • ~~Polen / die Pollen~~ • die Qualen / die Quallen • die Hüte / die Hütte

Die herumfliegenden Pollen   störten die Fußballer beim Spiel Deutschland gegen Polen   .

Die Hunde spielen auf dem _____. Einige _____ sind als Familienhunde sehr beliebt.

Die Wanderer tragen _____ auf dem Kopf. In der gemütlichen _____ ruhen sie sich aus.

Sonnenbrand und _____ im Meer – im Urlaub mussten wir einige _____ erdulden!

> **Information** ⟩⟩ **Doppelkonsonanten in Einsilbern und zusammengesetzten Wörtern**
>
> Um die Regel für die **Doppelkonsonanten** anzuwenden, musst du **zusammengesetzte Wörter**
> **zerlegen** und **Einsilber verlängern,** z. B.: *das Schwimm|bad* – denn: *schwi**m m**en.*

4 Zerlege die zusammengesetzten Wörter und begründe die Schreibweise durch Verlängern.

das Brenn|holz – denn: brennen _____   der Pfannkuchen – denn: _____

die Rollschuhe – denn: _____   das Flussufer – denn: _____

die Bettdecke – denn: _____   der Rennwagen – denn: _____

5 Doppelter oder einfacher Konsonant? Setze ein und begründe mit einem Verlängerungswort.

mm/m? er sa**mm**elt – denn: wir sammeln _____   sie bre____st – denn: wir _____

ff/f? sie ru____t – denn: wir _____   sie ho____t – denn: wir _____

nn/n? er ne____t – denn: wir _____   er fi____det – denn: wir _____

6 a Im folgenden Rätseltext fehlen alle Doppelkonsonanten. Markiere und korrigiere 18 Fehler.
Tipp: Zwei Fehlerwörter kommen doppelt vor.
b Welche Strategie hilft dir jeweils? Ordne die korrigierten Wörter in eine Tabelle im Heft ein, z.B.:

Schwingen	Verlängern
die Schülerinnen	der Ball – die Bälle
...	...

Wie heißt dieses Sportspiel?

⟲ Vorsicht Fehler!

Das gesuchte Sportspiel habt ihr sicher alle schon einmal gespielt. Die Schülerinnen [nn]

und Schüler werden in zwei Teams eingeteilt. Die eine Grupe besteht aus den „Werfern" und die

andere aus den „Fängern". Die Werfer stehen hinter einer Startmarkierung, und die Fänger

verteilen sich in der Sporthale. Nun geht es los! Der oder die Erste wirft den Bal [ll] und versucht,

5 über so viele Maten wie möglich zu laufen. Man kan aber auch auf einer anhalten und warten,

bis die nächste Person wirft. Danach darf man weiterrenen.

Die Fänger könen das Weiterlaufen des Werfers unterbrechen, indem sie den Bal unter

Kontrole bringen und zu ihrem „Brener" schmeißen, der ihn in einen umgedrehten Kasten

wirft. Wer nun nicht auf einer Mate steht, „verbrent" und scheidet aus. Spieler, die ins Ziel

10 einlaufen, erhalten einen Punkt. Wenn der Fänger den Kasten trift, mus das Spiel abgepfifen

werden. In der nächsten Runde tauschen die Teams ihre Rolen. Das Team siegt, das am Ende

auf die höchste Punktzahl komt. Wie heißt das Spiel?

c Ergänze den Namen des gesuchten Spiels.

Das gesuchte Sportspiel heißt _____.

s oder ß? – Stimmhaft oder stimmlos

> **Information** ▶▶ **Wörter mit s-Laut**
>
> - Du schreibst **s**, wenn die **erste Silbe offen** ist und du den s-Laut **summend** sprichst, z. B.: _le sen_.
> - Du schreibst **ß,** wenn die **erste Silbe offen** ist und du den s-Laut **zischend** sprichst, z. B.: _grü ßen_.
>   Um diese Regeln anzuwenden, brauchst du eine **zweisilbige Wortform.**

1 Lies die Wörter deutlich in Silben und setze s oder ß ein.

die Rei_s_e • bei___en • der Be___en • die Stra___e •

ra___en • schie___en • der Ha___e • die Do___e •

sau___en • schlie___en • die So___e • die Glä___er

> Lege deine Hand auf den Kehlkopf und sprich die s-Laute deutlich.
> Den **zischenden** **ß**-Laut merkst du nicht, das **summende** **s** spürst du in der Hand.

2 **a** Löse das Kreuzworträtsel!
Trage die Wörter mit s oder ß aus dem Kasten passend ein.

> das Gras • der Fuß • die Laus • das Floß • der Strauß • der Preis • das Gleis

1 Schienen, auf denen Züge fahren
2 winziges Insekt, das Kopfjucken verursacht
3 Geldbetrag, den eine Ware kostet
4 grüne Halme, die einen Rasen bilden
5 ein großer, grauer Laufvogel mit langem Hals
6 ein einfaches Wasserfahrzeug aus Holz
7 Körperteil, mit dem wir laufen und springen

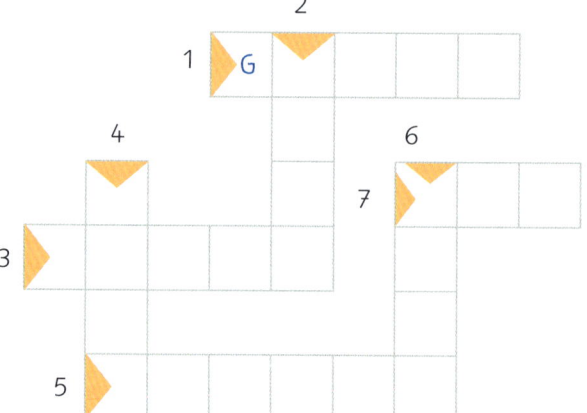

b Weise die Schreibung der Einsilber im Kasten oben durch Verlängern nach. Notiere sie in der Tabelle.

erste Silbe offen – summender s-Laut	erste Silbe offen – zischender ß-Laut
die Gräser,	

3 **a** Verlängere die beiden einsilbigen Wörter.

reist _____   reißt _____

b Setze dann das richtige Wort in die Lückensätze ein.

Der Turner _____ gut trainiert zu den Olympischen Spielen.

Die Athletin _____ die Beine in die Höhe und überspringt jede Hürde.

ss oder ß?

Die Laute **ss** und **ß** werden beide **zischend** gesprochen.
- Du schreibst **ß,** wenn in einem **zweisilbigen Wort** die **erste Silbe offen** ist, z. B.: *die Fü ße.*
- Du schreibst **ss,** wenn in einem **zweisilbigen Wort** die **erste Silbe geschlossen** ist, z. B.: *die Tas se.*

Bei manchen **Wortfamilien** kann sich die Schreibung ändern. Durch Schwingen, Verlängern und Zerlegen kannst du die Schreibweise hören, z. B.: *er reißt* – denn: *rei ßen*, aber: *die Ri**s se***; *der Schlu**ss**|teil* – denn: *die Schlü**s se***, aber: *schlie ßen*.

1 Verlängere die Verben und trage ss oder ß in die Lücken ein.
Notiere ein Verlängerungswort zur Begründung der Schreibweise.

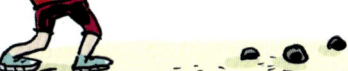

Die Kugelstoßerin stö **ßt** die Kugel auf 15 Meter und erzielt

einen Weltrekord. – denn: _stoßen_

Die Schiedsrichterin mi____t die Entfernung des Elfmeterpunkts zur Torlinie. – denn: _____

Ein bekannter blinder Fußballer aus Brasilien hei____t Ricardinho. – denn: _____

Die Radsportlerin gie____t sich zur Erfrischung Wasser über ihren Kopf. – denn: _____

Der Biathlet schie____t neben die Zielscheibe und erhält eine Strafminute. – denn: _____

Die Läuferin i____t zur Stärkung vor dem Rennen ein Bananensandwich. – denn: _____

2 **a** Das Wortgitter enthält Wortpaare aus vier Wortfamilien. Markiere sie und ergänze die Tabelle.
b Schreibe mit zwei Wortpaaren einen Satz ins Heft, z. B.: Wir schießen aufs Tor, jeder einen Schuss.

F	T	S	C	H	U	S	S
L	I	N	B	C	M	A	ß
U	Y	R	E	I	ß	E	N
S	L	Ü	M	K	C	B	O
S	S	M	E	S	S	E	N
Z	P	Ü	H	I	B	M	T
T	F	L	I	E	ß	E	N
K	R	I	S	S	E	L	Q
S	C	H	I	E	ß	E	N

Infinitiv	Nomen
schießen	der Schuss – denn: die Schüsse
	 – denn:
	 – denn:
	 – denn:

3 ss oder ß? Zerlege die zusammengesetzten Wörter. Ergänze die Lücken und begründe im Heft, z. B.:
die Fuß|sohle – denn: *die Fü ße, die Mess|latte* – denn: *mes sen*

das Ma____band • die Schu____waffe • der Fu____gänger • der Spa____macher • der E____tisch •

die Gru____karte • der Nu____kuchen • das Schlu____licht • der Rei____verschlu____

Die Schreibung der *s*-Laute – *s*, *ss* oder *ß*?

1 *s*, *ss* oder *ß*? Lies die Wörter deutlich in Silben (z. B. *fres sen*) und ergänze die Lücken.

> fre**ss**en • die Va___e • genie___en • verge___en • die Blu___e • ra___en •
>
> das Wa___er • die Schlü___el • der Pin___el • die Adre___e • das Ki___en •
>
> die Wie___e • die Ta___e • die Amei___e

2 Verlängere die Wörter und ergänze die Tabelle. Setze dann *s*, *ss* oder *ß* in die Lücken ein.

> der Ku**ss** • das Schlo___ • der Pa___ • das Gra___ • der Bi___ • der Spie___

der Kuss	denn: die Küsse		denn:
	denn:		denn:
	denn:		denn:

3 **a** Im folgenden Text sind insgesamt 10 Wörter falsch geschrieben. Markiere die Fehler.
   b Verbessere die Wörter und ordne diese je nach passender Strategie in die Tabelle unten ein.

Wahnsinn! Das ist ja kaum zu ==faßen==. Das Spiel endet mit einem letzten Schus auf den

gegnerischen Kassten. Der Fussballer nimmt Anlauf und schiesst den Ball mit voller Kraft

auf das Tor. Der Torwart schmeist sich auf die falsche Seite. Der Ball landet im Netz und bringt

das Spiel zum Abschlus. Groser Beifall ertönt, und die Mannschaft geniesst ihn. Ein klase Spiel!

Vorsicht Fehler!

Schwingen ⟲	Verlängern ⟳	Zerlegen + Verlängern ⟱
fassen		

4 **a** Nomen mit der Endung *-nis* werden im Singular mit *s* geschrieben und im Plural mit *ss*.
   Begründe in deinem Heft, warum man sich diese Schreibweise merken muss.
   b Ordne die Buchstaben zu Wörtern und schreibe diese mit einem Verlängerungswort in dein Heft.
   Ergänze die passenden Artikel, z. B.: das Zeugnis – die Zeugnisse.

> e u Z n i g s • m n i s G h e e i • g e E r b n i s • n i s V e r h ä l t

5 Suche weitere Nomen mit der Endung *-nis*. Notiere sie mit dem Verlängerungswort im Heft.

Wörter mit *i* oder *ie*

Information ▶ *i* oder *ie*?

- In **zweisilbigen Wörtern** schreibst du immer *i*, wenn die **erste Silbe des Wortes geschlossen** ist, z. B.: *sprin gen*.
- Du schreibst *ie* nur, wenn die **erste Silbe offen** ist, z. B.: *schie ben*.
- Um die Regel anzuwenden, musst du Einsilber verlängern, z. B.: *das Spiel – spie len*, und zusammengesetzte Wörter zerlegen, z. B.: *die Ziel|scheibe – zie len*.

1 **a** Finde in den folgenden Sätzen alle Wörter mit *i* und *ie*. Zeichne Silbenbögen ein.
  b Markiere die erste Silbe grün, wenn sie offen ist, und blau, wenn sie geschlossen ist.
  c Schreibe die Wörter in die passende Tabellenspalte. Ergänze bei Nomen den Artikel.
  d Welche beiden Wörter musst du erst verlängern, um herauszufinden, ob die erste Silbe offen oder geschlossen ist? Trage sie mit einem Verlängerungswort in die Tabelle ein.

Sieben Riesen spielen Ball und liegen danach auf der Wiese.

Zwei wilde Kinder ringen.

Winkende Spieler singen nach dem Spiel schiefe Lieder.

Auf allen vieren kriechen listige Segler von dem sinkenden Schiff.

Wörter mit *ie*	Wörter mit *i*
sieben,	wilde,

2 Die folgenden einsilbigen Wörter musst du verlängern, um die Schreibweise des *i*-Lauts zu begründen. Ergänze die Verlängerungswörter in deinem Heft, z. B.: *liebt – lie-ben*.

liebt • fließt • singt • springt • zielt • grinst • biegt • ringt

➕ 3 Setze die passenden Wörter in die Lücken. Achte auf die Groß- und Kleinschreibung.

SCHIFF – SCHIEF • WISSEN – WIESEN • MITTE – MIETE

Das _____ legt im Hafen an. – Das ist nicht gerade, das ist schief .

Stell die Blume in die _____ des Tisches! – Die _____ für die Wohnung ist hoch.

Auf den saftigen _____ stehen Kühe. – Wir _____ wenig über das All.

Der *i*-Laut in Fremdwörtern

1 Im Wortgitter verstecken sich 10 Fremdwörter. Markiere 4 Wörter mit der Endung *-ine*, 3 Wörter mit der Endung *-ie* und 3 Wörter mit der Endung *-iv* und trage sie in die Tabelle ein. Achte auf die Groß- und Kleinschreibung und setze vor die Nomen einen Begleiter.

D	L	X	A	P	F	E	L	S	I	N	E	X
M	A	S	C	H	I	N	E	G	K	C	J	T
L	Y	H	T	Ö	A	Z	F	R	R	N	F	
P	M	A	N	D	A	R	I	N	E	M	Ü	A
R	N	R	R	Z	X	D	P	P	A	E	I	N
A	S	M	S	R	P	M	A	G	T	L	R	T
L	N	O	J	O	M	L	S	L	I	O	Y	A
I	Q	N	C	E	T	S	S	N	V	D	U	S
N	A	I	V	B	S	M	I	C	W	I	G	I
E	R	E	V	M	A	E	V	J	N	E	P	E

Wörter mit *-ine*	Wörter mit *-ie*	Wörter mit *-iv*
die Apfelsine,		

2 Ersetze die markierten Wörter und Wortgruppen durch ein passendes Fremdwort mit *-ieren* aus dem Kasten. Passe, wo nötig, die Form an. Schreibe den Text neu in dein Heft, z. B.: *Paula trainiert …*

applaudieren • gratulieren • trainieren • probieren • reparieren • sich amüsieren

Paula **übt** regelmäßig Tischtennis im Verein. Heute steht ein wichtiges Match an. Der erste Ball ihrer Gegnerin kommt ihr mit voller Wucht entgegen. Sie **versucht**, ihn anzunehmen. Dabei stolpert sie und reißt das Netz ein. Beide Spielerinnen lachen und auch das Publikum **hat Spaß**. Das Netz lässt sich zum Glück schnell **flicken**. Am Ende des spannenden Spiels gewinnt Paula doch noch. Die Zuschauer **klatschen Beifall** und der Trainer **beglückwünscht** Paula.

+ 3 Welche weiteren Fremdwörter mit den Endungen *-ine, -ie, -iv* und *-ieren* fallen dir ein? Notiere sie im Heft und prüfe die Schreibung mit einem Wörterbuch.

Wörter mit Dehnungs-*h*

- Bei **einsilbigen** Wörtern kann man das ***h*** im Wort nicht hören.
- Wenn du die Wörter **verlängerst,** steht das *h* bei manchen Wörtern in der **zweiten Silbe** und wird dadurch **hörbar,** z. B.: *er zieht* – denn: *zie hen.*
- Bei anderen Wörtern bleibt das *h* auch nach dem Verlängern in der **ersten Silbe.** Dann ist es nicht hörbar, z. B.: *fah ren, das Foh len.* Diese Wörter sind **Merkwörter.**
- **Zusammengesetzte Wörter** musst du **erst zerlegen** und dann verlängern, z. B.: *der Geh|weg* – denn: *ge hen.*

1 **a** Markiere in den folgenden Sätzen die Wörter mit hörbarem *h*.
b Schreibe das Strategiezeichen Ⓜ über die Wörter mit nicht hörbarem *h*.

⠀⠀⠀⠀⠀⠀⠀⠀⠀⠀Ⓜ
Die Rennautos fahren mit hoher Geschwindigkeit vorbei.

Die Balletttänzer dehnen sich hinter der Bühne, bevor ihre
Vorstellung beginnt.

Auf dem Startblock stehen die Schwimmerinnen und rühren sich erst nach dem Startpfiff.

Die Radlerinnen gehen zusammen auf das Siegertreppchen und nehmen ihre Pokale entgegen.

2 **a** Verlängere die Wörter im Kasten und prüfe, welche der Wörter Merkwörter sind. Markiere sie mit dem Strategiezeichen Ⓜ .
b Markiere die Wörter mit hörbarem *h* mit dem Strategiezeichen ↪.

> ⠀⠀⠀Ⓜ
> der Föhn • das Reh • er kehrt • das Ohr • lahm • sie fehlt • das Huhn • er erzählt •
>
> das Rohr • ohne • die Kuh • sie fühlt • er geht

3 **a** In dem Wortgitter verstecken sich 9 Wörter mit *h*. Markiere sie und benutze für jede Wortfamilie eine andere Farbe. **Tipp:** Du brauchst drei Farben.
b Schreibe die Wörter geordnet nach Wortfamilien an den Rand.

F	L	K	R	L	F	R	Ü	H	R	E	N		rühren,
A	R	Ü	H	R	G	E	R	Ä	T	P	X		
H	R	H	T	O	V	I	P	L	R	Y	Ö		
R	M	L	M	N	R	Ü	H	R	E	I	T		fahren,
R	T	E	F	A	H	R	E	N	Y	G	N		
A	H	N	O	X	M	A	Q	H	J	W	S		
D	S	J	A	B	K	Ü	H	L	U	N	G		kühlen,
L	F	A	H	R	T	K	O	S	T	E	N		
K	Ü	H	L	S	C	H	R	A	N	K	F		

＋ **4** Finde zu den Wortfamilien aus Aufgabe 3 je zwei weitere Wörter. Notiere sie in deinem Heft.

Die Rechtschreibregeln anwenden

1 Kreuze die zutreffende Fortsetzung der Regel an. ☐ /1 Punkt

Doppelkonsonanten schreibt man, …

☐ wenn die 1. Silbe offen ist.   ☐ wenn die 1. Silbe geschlossen ist.

2 Einfacher oder doppelter Konsonant? Markiere jeweils die richtige Schreibweise und schreibe die Wörter in die passende Tabellenspalte. ☐ /10 Punkte

ru(d/dd)ern • pa(d/dd)eln • re(n/nn)en • ro(b/bb)en • wa(n/nn)dern
ro(d/dd)eln • jo(g/gg)en • fa(n/nn)gen • we(r/rr)fen • spri(n/nn)gen

zwei unterschiedliche Konsonanten	Doppelkonsonanten	offene erste Silbe

3 s, ss oder ß? Setze ein. ☐ /9 Punkte

Endlich wieder Sport in der Schule! Für viele Monate mu____te der Sportunterricht ausfallen.

Die Freude ist gro____ und zur Begrü____ung möchte die Lehrerin mit einem Wettrennen beginnen.

Das Rennen findet drau____en vor der Schule, auf der Stra____e und auf einer Wie____e statt.

Für das Wettrennen mü____en die Schülerinnen und Schüler nicht flei____ig trainiert haben,

sondern es soll heute einfach Spa____ machen!

4 i oder ie? Setze ein. ☐ /9 Punkte

Die Kinder fl____tzen los. Das Ziel wurde vorher in einer best____mmten Entfernung mark____rt.

Mara gew____nnt, Emir ist mit Platz 2 zufr____den. Alle f____nden das Rennen w____tzig und

möchten es nach mehrmals w____derholen. Die Pause danach haben sie sich verd____nt!

5 Welche Wörter sind Merkwörter? Schreibe über die Wörter das Strategiezeichen Ⓜ. ☐ /6 Punkte

der Stuhl • er dreht • die Bahn • die Sahne • der Zahn • er zieht

6 Prüfe deine Lösungen mit Hilfe des Lösungsheftes und zähle deine Punkte zusammen.

35–32 Punkte ☺	31–18 Punkte ☺	17–0 Punkte ☹
Super! Du bist ein Profi!	Nicht schlecht! Welche Strategien solltest du weiter üben?	Noch nicht so gut. Wiederhole die Übungen auf den Seiten 84–91.

Die Groß- und Kleinschreibung

Nomen erkennen und großschreiben

Methode	Nomen durch Proben erkennen

Nomen werden **großgeschrieben.** Du kannst sie mit Hilfe von **Proben** erkennen.
- **Artikelprobe:** Vor Nomen kann man einen Artikel setzen, z. B.: *der Ball, die Kraft, das Tor, ein Tag.*
- **Zählprobe:** Nomen kann man zählen, z. B.: *drei Sportler, viel Erfolg, wenige Pausen, alle Urkunden.*
- **Adjektivprobe:** Adjektive können Nomen näher beschreiben, z. B.: *das spannende Spiel.*

1 a Prüfe mit der Artikelprobe, ob es sich bei den folgenden Wörtern um Nomen handelt.
Setze dann den richtigen Artikel *(der, die, das)* vor die Nomen.
b Schreibe die Nomen mit ihrem Artikel in dein Heft. Beachte die Großschreibung.

―― SPORTFEST	―― ZIELLINIE	―― WÄHREND	―― SPRUNGGRUBE	―― SCHLIEßLICH
―― LEDERBALL	―― TROTZDEM	―― DURSTLÖSCHER	―― SO	―― SIEGERURKUNDE

c Untersuche die zusammengesetzten Nomen. Welcher Teil bestimmt jeweils den Artikel? Kreuze an.

Den Artikel eines zusammengesetzten Nomens bestimmt das Nomen … ☐ am Anfang ☐ am Ende.

2 a Markiere alle Nomen in den folgenden Sätzen.
b Untersuche die Begleiter der Nomen und markiere sie so: Artikel, Adjektive, Zahlwörter.

Nächsten Freitag findet das große Fußballturnier der siebten Klassen statt. Alle Schülerinnen und Schüler sind schon aufgeregt und freuen sich auf spannende Spiele. Die Klasse 7c hofft, dass sie wie beim letzten Mal den goldenen Pokal gewinnen kann. Vor einem Jahr gewann sie das Turnier mit einem knappen Sieg gegen die Klasse 6a. Viele Klassen haben sich über mehrere Wochen in anstrengenden Sportstunden auf den Wettkampf vorbereitet.

3 a Groß- oder Kleinschreibung? Prüfe und markiere den passenden Buchstaben.
b Umrahme die drei Nomen, die von einem Zahlwort begleitet werden.

Der (T/t)ag des großen (T/t)urniers war gekommen. Alle (Z/z)uschauer warteten (D/d)arauf, dass Frau Avci das (S/s)piel zwischen der 7a und der 7b anpfiff. Den (A/a)nstoß machte Soraya aus der 7a. Sie passte den (B/b)all an zwei (G/g)egnern vorbei zu Luis, der durch einen kraftvollen (S/s)chuss das erste (T/t)or erzielte. Lauter (J/j)ubel brach auf den (R/r)ängen aus. Doch die (M/m)annschaft der 7b (L/l)ieß sich nicht aus der (R/r)uhe bringen und (G/g)riff direkt wieder an. Mike dribbelte den (B/b)all an der Abwehr (V/v)orbei und passte ihn Heli zu. Aus kurzer (D/d)istanz (Z/z)ielte diese aufs Tor: Ausgleich für die 7b!

+ 4 In den folgenden Sätzen werden Nomen ohne Begleiter gebraucht. Weise durch Proben nach, dass es sich um Nomen handelt z. B.: Die Zuschauer stießen …

Zuschauer stießen Pfiffe aus. Spielerinnen machten Luftsprünge.

Nomen erkennen – Auf Nachsilben achten

Methode   **Nachsilben von Nomen beachten**

Wörter mit den Endungen **-heit, -keit, -nis, -schaft, -tum, -ung** sind **Nomen** und werden großgeschrieben, z. B.: *das Hindernis, die Mannschaft, der Irrtum*.
Tipp: Nomen auf *-heit, -keit, -ung, -schaft* sind immer **Feminina** (weiblich), z. B.: *die Sportlichkeit*.

1 **a** Umkreise die 11 Nomen in der Wortschlange. Notiere sie mit dem Artikel. **Tipp:** 4 Wörter bleiben übrig.
 b Markiere die typischen Endungen der Nomen farbig.

das Ereignis, _____

_____

2 Der folgende Text enthält richtige und falsche Wörter mit Nomenendungen.
 a Drei Wörter mit falschen Endungen wurden im Text gekennzeichnet. Verbessere sie in deinem Heft und ergänze den passenden Artikel, z. B.: die Teamfähigkeit.
 b Markiere die sechs richtigen Nomen mit typischen Nomenendungen und schreibe sie mit dem Artikel in dein Heft, z. B.: die Abwechslung.

> LETZTE WOCHE GAB ES ABWECHSLUNG IM SCHULALLTAG DER 7. KLASSEN.
> IM SPORTUNTERRICHT KONNTEN DIE KINDER IHRE TEAMFÄHIGNIS UNTER BEWEIS STELLEN.
> ZUNÄCHST SOLLTEN SIE GEMEINSAM HINDERNISSE ÜBERWINDEN. DANN MACHTEN SIE
> BEKANNTSCHAFT MIT FÜNF NEUEN SPORTGERÄTEN UND SOLLTEN DIESE ANSCHLIEßEND
> BEWERTEN. DAS ERGEBNIS WAR ERFREULICH: DIE MEISTEN GERÄTE ENTSPRACHEN DEN
> VORSTELLUNGEN DER KINDER. NUR DAS FINGERFRISBEE WAR EINE ENTTÄUSCHNIS. DIE
> LEHRKRÄFTE LOBTEN DIE RESPEKTVOLLE HALTUNG UND DIE SPORTLICHSCHAFT DER KLASSEN.

Vorsicht Fehler!

3 Bilde Nomen, indem du die Verben und Adjektive aus dem Kasten um die Endungen *-ung, -tum, -heit, -keit, -nis, -schaft* ergänzt. Notiere die Nomen mit dem passenden Artikel.

irren • aufmerksam • freundlich • wissen • überlegen • leisten • umgeben • geheim • wagen

der Irrtum, _____

_____

+ 4 Finde weitere Wörter mit typischen Nomenendungen und notiere sie im Heft.

Nominalisierungen richtig schreiben

Verben in ihrer Grundform (Infinitiv) und **Adjektive** kann man **wie Nomen gebrauchen.**
Diese **Nominalisierungen** schreibt man **groß**, z. B.: *das Schwimmen, etwas Besonderes.*
Du kannst Nominalisierungen mit Hilfe der **Nomenproben** (▶ S. 93) erkennen.

- **Artikelprobe**, z. B.: *Das Turnen macht mir Spaß. / Das Beste am Sport ist mein Team.*
- **Zählprobe**, z. B.: *Viel Sitzen ermüdet. / Wer wenig Gesundes isst, fühlt sich schlapp.*
- **Adjektivprobe**, z. B.: *Regelmäßiges Laufen macht fit. / Raus ins frische Grün, das tut gut!*

1 Adjektive und Verben kann man wie Nomen nutzen. Man erkennt sie an ihren Begleitern.
Setze die Adjektive und Verben in Klammern in der richtigen Groß- und Kleinschreibung ein, z. B.:

Beim Fußballturnier ist etwas Ungewöhnliches (UNGEWÖHNLICH) passiert. Während Emre

_____ (SCHNELL) auf das Tor der gegnerischen Mannschaft zulief, rutschte er aus und

stolperte. Beim _____ (FALLEN) gelang es ihm noch, den Ball zu Lucy zu _____

(SPIELEN). Diese nahm an, kam jedoch ebenfalls ins _____ (RUTSCHEN) und stürzte.

Das _____ (GUTE) war, dass beide unverletzt blieben. Das _____ (SPIELEN) auf

dem _____ (MATSCHIGEN) Untergrund nach dem _____ (STARKEN) Regen war

für alle Teams eine _____ (GROßE) Herausforderung!

2 Im farbigen Kasten findest du Begleiter von Nomen. Verbinde sie sinnvoll mit den Verben und
Adjektiven aus den weißen Kästen und schreibe die Verbindungen auf. Beachte die Großschreibung!

| das • beim • zum • alles • genug • nichts • viel • etwas • wenig | neu • fangen • zielen • abspielen • laufen |
| | anstrengend • erstaunlich • gut • ängstlich • motivierend |

viel Neues, etwas Anstrengendes, _____

_____

_____

➕ 3 Beschreibe deine Lieblingssportart im Heft. Verwende Nominalisierungen aus dem Kasten.

Meine Lieblingssportart ist …

Im Allgemeinen geht es beim …

darum, dass …

| im Allgemeinen • das Beste • das Ungewöhnliche • beim Trainieren |

4 **a** Unterstreiche in den Aussagen die nominalisierten Verben und Adjektive mit ihren Begleitern.
b Ordne die Nominalisierungen mit ihren Begleitern passend in die Tabelle unten ein.

> Seit ich acht Jahre alt bin, spiele ich Handball. Durch regelmäßiges Trainieren
> bin ich richtig gut geworden. Das gemeinsame Spielen im Team macht mir viel
> Spaß. Das Beste ist aber mein nettes Team!

> Mein Lieblingssport ist das Tanzen. In meiner Tanzgruppe üben wir auch das
> Bauen von Menschenpyramiden. Zum Glück gehöre ich zu den Kleinsten und darf
> nach oben. Anstrengend finde ich aber das häufige Wechseln der Positionen.

Artikel + Verb/Adjektiv	Adjektiv + Verb
	regelmäßiges Trainieren

5 Formuliere in deinem Heft fünf Sätze zum Thema „Freibad", in denen Verben und Adjektive
nominalisiert werden. Du kannst die Wörter aus dem Kasten und die Satzanfänge unten nutzen.

> tauchen • rutschen • schön • schnorcheln • essen • sonnen •
> spannend • abenteuerlich • lustig • spielen • ausruhen • lecker

Das … tut gut. Vor allem das … macht Spaß. Beim … kann man …
Man kann viel … erleben oder etwas … lesen/kaufen …

6 Formuliere die folgenden Sätze so um, dass die hervorgehobenen Verben nominalisiert werden.
Tipp: Beachte, dass in den neuen Sätzen die Kommas wegfallen.

A Viele Kinder lieben es, im Sommer im Freibad **schwimmen** zu gehen.

Das Schwimmen im Freibad lieben viele Kinder im Sommer.

B Es macht Spaß, in das kühle Wasser zu **springen.**

Das

C Bei heißem Wetter tut es gut, in einem kalten See zu **tauchen.**

D Die Kinder genießen es, im Wasser zu **toben** und mit ihren Freunden zu **spielen.**

Teste dich! – Groß- und Kleinschreibung

1 Forme die folgenden Wörter durch Anhängen der Endungen *-nis*, *-keit*, *-schaft*, *-heit*, *-ung* und *-tum* in Nomen um. Notiere sie mit dem Artikel. **Tipp:** Jede Nomenendung kommt einmal vor.

/6 Punkte

geheim – _____

einsam – _____

gesund – _____

beobachten – _____

wachsen – _____

erben – _____

2 Vorsicht, Fehler! Prüfe in dem folgenden Text die Großschreibung.
a Markiere und korrigiere die 9 Fehler in der Großschreibung.
b Unterstreiche folgende Begleiter von Nomen: 3 Adjektive und 3 Zahlwörter.

/9 Punkte

/6 Punkte

Habt ihr schon einmal volleyball gespielt?
Das ist ein schneller teamsport, der Menschen
auf der ganzen Welt begeistert und auch bei
internationalen Spielen ausgeübt wird.
5 Auf einem durch ein netz getrennten Spielfeld
stehen sich zwei Mannschaften gegenüber.
In jedem Team gibt es sechs spieler. Ein Volley-
ballspiel beginnt dann, wenn der Schiedsrichter
mit einem lauten pfiff das spiel freigibt. Eine
10 Mannschaft siegt, wenn sie drei Sätze gewinnt.
Die teams erhalten punkte, wenn der Ball den
Boden des gegnerischen Feldes berührt oder
wenn Spieler einen fehler machen.

c Finde die zwei Nomen ohne Begleiter und notiere sie mit einer Nomenprobe, z. B.:
„Tor" – denn: das Tor (viele Tore / ein schnelles Tor).

/2 Punkte

_____

_____

3 Unterstreiche die 8 Nominalisierungen im Text.

/8 Punkte

Das Beste am Volleyball ist, dass man es mit seinen Freunden im Team spielen kann. Das gemeinsame
Spielen von Mannschaftssportarten fördert nicht nur die körperliche Leistungsfähigkeit, sondern auch
soziale Kompetenzen wie Fairness und Teamgeist, die man beim Trainieren in der Gruppe erwirbt.
Auch das Verlieren gehört zum Spielen dazu. Für viele ist es das Größte, ein Spiel zu gewinnen.
Aber es ist nun mal nichts Ungewöhnliches, dass dies nicht immer klappt. Das Wichtigste ist, dass man
nach einer Niederlage nicht aufgibt und sich im Team wieder zusammenrauft.

4 Prüfe deine Lösungen mit Hilfe des Lösungsheftes und errechne deine Punktzahl.

☺ 31–28 Punkte	☺ 27–15 Punkte	☹ 14–0 Punkte
Super, du bist ein Profi!	Nicht schlecht. Trainiere passende Aufgaben auf den Seiten 93–96.	Übe weiter! Arbeite die Seiten 93–96 noch einmal durch.

Getrennt- und Zusammenschreibung

Zusammenschreibung

1 Bilde aus den Nomen im Kasten möglichst viele sinnvolle Zusammensetzungen.
Notiere deine Zusammensetzungen mit dem passenden Artikel im Heft, z. B.: *der Mannschaftssieg.*
Tipp: Der Artikel richtet sich nach dem hinteren Nomen, z. B.: *der Ball + das Spiel → das Ballspiel.*

> der Torwart • die Mannschaft • die Kabine • das Trikot • der Fuß • der Ball • das Spiel •
> die Leidenschaft • der Abend • der Pokal • der Schläger • der Sieg • die Hand • die Schuhe •
> das Feld • die Regeln • der Fan • das Stadion • das Tennis

2 a Bilde aus den Adjektiven vier sinnvolle Zusammensetzungen und notiere sie auf der Zeile.

> ~~hoch~~ • bitter • dunkel • tief   traurig • gelb • ~~zufrieden~~ • kalt

hochzufrieden, _____

b Lies den Text und ergänze die vier Adjektive aus Aufgabe 2a passend in die Lücken.
Beachte die richtige Schreibung.

Der Dezembertag war _____, doch ich betrat entschlossen das Sportgelände.

_____ war ich drei Tage zuvor aus dem Wettkampf gekommen: Wegen eines

Patzers im Weitwurf war ich nur auf dem vorletzten Platz gelandet.

Mit voller Kraft stieß ich nun den _____ Lederball nach vorn. 24 Meter!

Ich konnte es also doch noch! _____ ging ich an diesem Tag nach Hause.

3 Diese Verbindungen aus Verben mit unveränderlichen Wörtern passen alle zum Thema „Sport":
loslaufen, einlaufen, herumspringen, wegschießen. Schreibe Sätze mit den Verben in dein Heft.

➕ 4 Welche weiteren Verbindungen aus Verben mit den unveränderlichen Wörtern *ein-* und *weg-*
fallen dir ein? Notiere in jeder Zeile mindestens zwei Beispiele.

ein-: _____

weg-: _____

Wörter zusammenschreiben

Mit dem folgenden Text kannst du weiter üben. Wähle Aufgabe 1, 2 oder 3.

> Die Klassen 7a und 7c waren **hochmotiviert** – gemeinsam mit ihren Sportlehrkräften Frau Iliköz und Herrn Wiedmann wollten sie am heutigen **Freitagmorgen** die nahegelegene Trampolinhalle besuchen. Im **Sportunterricht** hatten sie die Regeln **vorgelesen** und besprochen. So wussten alle, dass sie nicht einfach **losspringen** durften. „Eine gute Vorbereitung ist alles", hatte Frau
> 5 Iliköz gesagt. Nachdem sich alle umgezogen hatten, dehnten sie sich gemeinsam, und dann ging es auf die Trampoline. „Keine **lebensgefährlichen** Sprünge", rief Herr Wiedmann. Für das Trampolinspringen muss man keine *Sportskanone / Sports Kanone* sein. Es standen zudem verschiedene Schwierigkeitsgrade zur Auswahl: grün für leicht, gelb für mittel und **dunkelrot** für schwierig. Alle Kinder hatten *Riesen großen / riesengroßen* Spaß und man sah nur freudestrah-
> 10 lende Gesichter. **Hundemüde** ging es nach zwei Stunden in die Umkleidekabinen.

1 Im Text oben sind 8 Wortzusammensetzungen blau markiert. Trage sie in die Tabelle ein.

Nomen + Nomen	Nomen + Adjektiv	Adjektiv + Adjektiv	unveränderliches Wort + Verb
		hochmotiviert	

2 a Suche in den nicht markierten Stellen im Text oben Wortzusammensetzungen und ergänze sie in der Tabelle in Aufgabe 1.
b Wie müssen die grün gedruckten Wörter im Text geschrieben werden: getrennt oder zusammen? Streiche jeweils die falsche Schreibung durch und begründe deine Entscheidung in deinem Heft.

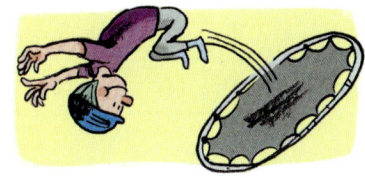

3 a Markiere im folgenden Text die 10 Fehler bei der Zusammenschreibung.
Tipp: Beachte die Regeln zur Zusammenschreibung im Merkkasten auf ▶ Seite 98.
b Schreibe die verbesserten Wörter in dein Heft.

Vorsicht Fehler!

> Das Trampolinspringen sieht einfach aus. Ein bisschen Schwung, und schon kann man los hüpfen. Bereits nach einigen Minuten kommt man aber ins Schwitzen, und nach einer halbstündigen Trainings Einheit zwicken einem ordentlich die Waden. Vom Spiel Gerät für Kinder hat sich das Trampolin zu einem beliebten Fitness Gerät für junge und alte Sport Interessierte entwickelt. Wusstest du, dass man beim Springen etwa 400 Muskeln beansprucht? Zudem ist es eine gute Möglichkeit des Stress Abbaus. Die Sport Mediziner bezeichnen das Training als besonders Gelenk schonend, sofern man sich gut vor bereitet, langsam ein steigt und regelmäßig Pausen macht.

Getrenntschreibung

Information ▷▷ **Getrenntschreibung**

Getrennt schreibt man Verbindungen aus folgenden Wortarten:
- **Nomen und Verben,** z. B.: *Handball spielen, Tore erzielen.*
- **Verben und Verben,** z. B.: *schwimmen gehen, trainieren müssen, kennen lernen.*
- **Adjektive und Verben,** z. B.: *schnell laufen, fleißig üben.*
- **Verbindungen mit *sein*,** z. B.: *da sein, müde sein.*

Beachte folgende **Ausnahmen:**
- Werden Verbindungen mit Verben **nominalisiert,** schreibst du sie **zusammen** und **groß,** z. B.: *Ich liebe das Handballspielen. Das Spazierengehen macht mir Spaß.*
- Entsteht ein Wort mit einer **neuen Gesamtbedeutung,** schreibst du es **zusammen,** z. B.: *schwarzmalen (= etwas negativ darstellen), blaumachen (= die Schule schwänzen).*

1 a In dem Wortgitter sind zehn Wörter versteckt. Markiere sie und notiere sie am Rand.
  b Bilde sinnvolle Verbindungen im Heft. Denke an die richtige Schreibung, z. B.: Federball spielen.

F	E	H	T	F	D	T	O	R	E	ß	S	Federball
E	H	B	S	F	P	R	N	V	M	N	D	C
D	T	T	R	A	I	N	I	E	R	E	N	H
E	A	X	Y	H	V	R	E	L	K	M	L	W
R	C	ß	C	R	R	Y	M	L	L	B	V	I
B	S	T	R	R	S	F	A	H	R	E	N	M
A	P	P	X	A	C	R	Q	Y	J	N	A	M
L	I	G	F	D	X	W	R	Z	I	K	L	E
L	E	Z	R	P	N	S	L	E	R	N	E	N
F	L	Y	Q	X	J	T	G	D	K	L	G	C
E	E	K	S	C	H	I	E	ß	E	N	Q	A
N	N	Y	U	K	Y	C	X	G	E	H	E	N

2 Getrennt oder zusammen? Notiere die Vorgaben in Klammern jeweils in der richtigen Schreibweise.

1. Ich habe das _____ (*Skateboard + fahren*) schnell gelernt.

   Am Wochenende gehe ich _____ (*Skateboard + fahren*).

2. Willst du morgen mit uns _____ (*Hockey + spielen*)?

   Beim _____ (*Hockey + spielen*) können wir uns richtig auspowern.

3. Auf dem Trampolin kann ich ziemlich _____ (*hoch + springen*).

   Beim _____ (*hoch + springen*) habe ich eine Latte gerissen.

Wörter getrennt schreiben

1 Um welche Verbindungen handelt es sich bei den markierten Wörtern in den folgenden Sätzen? Trage sie passend in die Tabelle ein.

Jeden Dienstag gehe ich mit meinem Bruder Tischtennis spielen.
Wenn du magst, können wir heute schwimmen gehen. Wir müssen nur zum Abendessen zurück sein.
Ich freue mich, wenn wir wieder zusammen sind und gemeinsam Sport machen.
Beim Football muss man gut werfen und schnell rennen können.
Nach dem Training werden wir erschöpft sein.

Nomen + Verb	Verb + Verb	Adjektiv + Verb	Verbindungen mit „sein"
Tischtennis spielen			

2 Ergänze die folgenden Sätze sinnvoll mit Wortverbindungen aus dem Kasten.

trainieren + regelmäßig • müde + sein • motiviert + sein • Muskeln + aufbauen • Kraft + haben

Um im Sport erfolgreich zu sein, muss man regelmäßig trainieren.

Die erste Voraussetzung ist die Freude am Sport: Man sollte also _____.

Für manche Sportarten zählt Geschicklichkeit, für andere muss man _____.

Zudem ist eine ausgewogene Ernährung wichtig, damit der Körper

_____ kann.

Die Kombination aus Sport und gesunder Ernährung führt dazu,

dass man sich fitter fühlt und nicht mehr so häufig _____.

3 a Trenne in jedem Satz die Wörter durch einen Strich.
b Schreibe die Sätze richtig in dein Heft. Achte auch auf die Groß- und Kleinschreibung!

A Alex|undlisatrainierenfleißigfürdassportfestindernächstenwoche.

B Dasieregelmäßigsporttreiben,sindsiebereitsgutvorbereitet.

C Selbstdasweitspringenmachtihnenkeinesorgen,weilsiediesimsportunterrichtoftgeübthaben.

4 Warum schreibt man in Satz C in Aufgabe 3 das Wort „Weitspringen" zusammen, obwohl es eine Verbindung aus Adjektiv und Verb ist? Begründe deine Antwort im Heft.
Tipp: Lies noch einmal den Merkkasten auf ▶ Seite 100.

Teste dich! – Getrennt- und Zusammenschreibung

1 Kreuze jeweils an, ob die folgenden Aussagen richtig oder falsch sind. ☐ /6 Punkte

	r	f
A Verbindungen von Nomen und Verb schreibt man immer zusammen.	☐	☐
B Verbindungen mit *sein* schreibt man immer getrennt.	☐	☐
C Verbindungen von zwei Nomen oder von zwei Adjektiven schreibt man zusammen.	☐	☐
D Verbindungen von Verben und Verben schreibt man in der Regel getrennt.	☐	☐
E Nominalisierte Verbindungen von Adjektiv und Verb schreibt man klein und getrennt.	☐	☐
F Nominalisierte Verbindungen von Adjektiv und Verb schreibt man zusammen und groß. ..	☐	☐

2 Prüfe in dem folgenden Text die Getrennt- und Zusammenschreibung. ☐ /10 Punkte

a Unterstreiche wie angegeben: 5 <u>zusammengesetzte Nomen</u> und
5 <u>Verbindungen aus Nomen und Adjektiven.</u> ☐ /2 Punkte

b Streiche bei den grün gedruckten Wörtern die falsche Schreibweise durch.

c Begründe deine Lösung im Heft, z. B.: *Verbindungen aus … und … schreibt man …* ☐ /2 Punkte

Das Frisbee, ein scheibenförmiges Sportgerät aus Kunststoff, wird nicht mehr nur im Freizeitsport verwendet. Ultimate Frisbee ist ein brandaktuelles Sportspiel, bei dem sich zwei Teams auf einem Feld in der Größe eines Fußballfeldes *gegenüberstehen / gegenüber stehen*. Es gibt keine Tore, sondern Zonen wie beim Rugby. Ziel ist es, durch blitzschnelles Zuwerfen Punkte zu machen. Einen Punkt für das Team gewinnt, wer das federleichte Frisbee in der gegnerischen Zone fängt. Nach dem Fangen hat man nur zehn Sekunden Zeit, um die *Flugscheibe / Flug Scheibe* pfeilschnell abzuspielen.

3 Getrennt oder zusammen? Ergänze die Lücken in der richtigen Schreibung. ☐ /6 Punkte

Man darf mit dem Frisbee in der Hand nicht laufen, sondern nur einen _____

_____ (*sternförmig + Schritt*) machen.

Die anderen Spieler dürfen sich weiterhin _____ (*frei + bewegen*). Wenn ein Pass

auch nur _____ (*Haar + scharf*) auf dem Boden oder im Aus landet, geht das

Frisbee an das gegnerische Team. Nach jedem Punkt darf man Spieler _____

(*aus + wechseln*). Eine Besonderheit dieser _____ (*Sport + Art*) ist, dass sie ohne

Schiedsrichter _____ (*aus + kommt*).

4 Prüfe deine Lösungen mit Hilfe des Lösungsheftes und errechne deine Punktzahl.

☺ 26–24 Punkte	☺ 23–13 Punkte	☹ 12–0 Punkte
Super, du bist ein Profi! Was willst du dennoch weiter üben?	Nicht schlecht. Was fiel dir schwer? Trainiere passende Aufgaben auf den Seiten 98–101.	Arbeite die Seiten 98–101 noch einmal gründlich durch.

Die Zeichensetzung

Das Komma bei Aufzählungen

1 **a** Umkreise in den folgenden Sätzen das, was aufgezählt wird.

   b Wie viele Dinge werden jeweils aufgezählt? Schreibe die Zahl hinter den Satz.

   A Beliebte Ballsportarten in Deutschland sind Fußball, Tennis, Handball, Basketball, Volleyball. _____

   B Sie werden von einer Person, im Doppel, aber auch im Team gespielt. _____

   C Trainiert wird auf dem Sportplatz, in Sporthallen, im Park oder am Strand. _____

   D Die meisten Sportvereine bieten ein Training für Frauen, Männer sowie Jugendliche an. _____

   c Begründe die Kommasetzung in den Sätzen A–D. Streiche jeweils die falsche Aussage.

   Satz A: Hier werden fünf Wörter aufgezählt, deshalb muss zwischen ihnen kein/ein Komma stehen.

   Satz B: Vor *aber* kann/muss ein Komma stehen.

   Satz C: Bei Aufzählungen steht vor *oder* ein/kein Komma.

   Satz D: Vor der dritten Aufzählung steht die Konjunktion *sowie*; deshalb darf kein / muss ein Komma
            gesetzt werden.

2 Markiere alle Aufzählungen im folgenden Text. Ergänze die fehlenden Kommas.

> Der beliebteste Sport in Europa ist der Fußball. Gespielt wird in Proficlubs in Hobbyvereinen
>
> oder auf dem Bolzplatz. Fußball wird von Männern Frauen Jugendlichen und Kindern gespielt.
>
> Die Nationalmannschaften der Männer aber auch der Frauen feierten schon viele Siege.
>
> Fußballexperten kennen die Begriffe Abseits Elfmeter Eigentor Libero Stürmer sowie Strafstoß.

➕ 3 Lies den Ausschnitt eines Berichts über ein Fußballspiel. Ergänze alle nötigen Kommas.

„[...] Das Tor gelang durch schnelles geschicktes ideenreiches Spiel: Die Torwartin schlug den Ball weit

nach vorne Brand köpfte ihn zu Dongus diese flankte auf rechts. Dort lief Nüsken sich frei sie schoss in

den Strafraum Schüller nahm an und verwandelte ihn zum 1:0. [...]"

Das Komma bei Satzreihen

1 Verbinde die beiden Sätze in A, B und C jeweils zu einer Satzreihe. Nutze folgende Konjunktionen:
und, oder, denn. Setze die Kommas. Klammere Kommas ein, die du auch weglassen kannst.

A Peteca ist ein Spielgerät. So heißt auch eine Sportart in Brasilien.

_____

_____ .

B Das Wort Peteca kennt man bei uns kaum. Das Spielgerät ist hier als Indiaca bekannt.

_____

_____ .

C Bei uns spielt man es ohne Regeln in der Freizeit. Man betreibt es als Mannschaftssportart.

_____

_____ .

2 **a** Markiere im folgenden Text alle Konjunktionen.
b Setze die nötigen Kommas. Achte auf die Grenze zwischen den Hauptsätzen.
Tipp: Im Hauptsatz steht das Prädikat an zweiter Stelle.

Bei uns wird Peteca genauso gespielt wie in Brasilien aber dort ist
es schon seit Langem ein Sport für alle. Seit den 1970er-Jahren
wurde das Spiel in Deutschland in Vereinen organisiert denn es
wurde immer beliebter. Das ist jetzt schon 50 Jahre her doch das
5 Spiel erfreut noch immer Jung und Alt. Das Spielgerät hat zwei
Bestandteile: Unten befindet sich ein etwa faustgroßer Lederbeutel
und oben ragen bunte Federn heraus. Man schlägt mit der flachen
Hand auf den Beutel und los geht das Spiel. Jugendliche spielen in
Hobbymannschaften oder sie trainieren im Verein für die Teilnahme
10 an Wettkämpfen. Die Regeln sind ähnlich wie beim Volleyball
denn es wird auf Gewinnsätze mit 25 Punkten gespielt. Man kann
das Spiel auch mit zwei Halbzeiten wie beim Fußball spielen doch
eine Halbzeit dauert beim Peteca nur zehn Minuten.

⊕ 3 Verknüpfe die Sätze im Heft mit passenden Konjunktionen zu Satzreihen. Setze die Kommas.
Lisa macht einen Aufschlag. Tom schlägt nicht direkt zurück. Er passt hoch zu Maik. Dieser schmettert.

Das Komma bei Satzgefügen

1 **a** Ergänze in den Lücken passende Konjunktionen: *weil, wenn, als.*
b Unterstreiche die Nebensätze mit ihren Konjunktionen.
c Markiere die Kommas.
d Notiere in der Klammer, ob der Nebensatz vor, (v) nach (n) oder zwischen (z) dem Hauptsatz steht.

A _____ 2020 das Sporttraining für alle ausfiel, machten viele Jugendliche zu Hause Sport. ( )

B Man setzte sich, _____ man eines besaß, zum Beispiel auf das Heimfahrrad. ( )

C Manche Schüler schwitzten vor dem Computer, _____ sie Online-Sportunterricht hatten. ( )

2 Nebensätze werden durch Kommas vom Hauptsatz abgetrennt.
a Unterstreiche alle Nebensätze. Umkreise das Prädikat am Ende des Nebensatzes.
b Markiere die Konjunktionen grün und die Relativpronomen gelb.
c Setze die fehlenden Kommas.

1 Die Zwillinge Tabea und Rica blieben in den Osterferien zu Hause obwohl es draußen sonnig war.

2 Da ein kalter Wind wehte hielten sich die beiden lieber in ihrem Zimmer auf.   **3** Als die Sonne

herauskam gingen sie auf den windgeschützten Balkon.   **4** Mit einem Buch setzten sich die Mädchen

die gern lesen in die Sonne.   **5** Als sie gerade saßen hörten sie Musik.   **6** Unten auf der Straße sahen

sie eine junge Frau welche Tanzübungen zur Musik machte.   **7** Die Frau forderte die Nachbarn auf den

Balkonen lachend auf dass sie mitmachen sollten.   **8** Weil sie die Idee toll fanden tanzten Rica und

Tabea sofort mit.   **9** Am nächsten Tag erzählten sie davon ihren Freundinnen die begeistert waren.

3 Wo steht der Nebensatz in den Satzgefügen in Aufgabe 2 jeweils? Ordne die Satznummern zu.

vor dem Hauptsatz: 2, _____ **zwischen** dem Hauptsatz: _____ **nach** dem Hauptsatz: 1, _____

⊕ 4 Formuliere Satz 8 aus Aufgabe 2 im Heft so um, dass der Nebensatz einmal am Ende steht und
einmal in den Hauptsatz eingeschoben ist. Setze die Kommas.

Das Komma vor *das* und *dass*

> **Information** **Das Komma bei Nebensätzen mit *dass* oder *das***
>
> - Das **Relativpronomen *das*** wird **mit einem *s*** geschrieben.
>   Man kann es durch ***dieses*** oder ***welches*** ersetzen, z. B.:
>   *Das Spiel, das ich meine, heißt Dart.*
>   *Das Spiel, welches ich meine, heißt Dart.*
>   Mit *das* eingeleitete Relativsätze sind **Nebensätze** und werden durch **Kommas** abgetrennt, z. B.:
>   *Das Spiel, das (welches) ich meine, spielt man mit Wurfpfeilen.*
> - Die **Konjunktion *dass*** wird **mit *ss*** geschrieben. Sie bezieht sich oft auf ein **Verb im Hauptsatz.**
>   Meist steht sie nach Verben des Denkens, Meinens, Sagens, Fühlens und leitet immer einen
>   **Nebensatz** ein, z. B.: *Ich hoffe, dass wir heute gewinnen.*

1 **a** Begründe die Schreibung der markierten Wörter im Text. Notiere die folgenden Abkürzungen:
K = Konjunktion, **R** = Relativpronomen.

b Unterstreiche die Nebensätze und markiere die Kommas.

Wir freuen uns darüber, **dass** (K) wir mit der Klasse schwimmen gehen. Viele finden, **dass** (____)

das große Freizeitbad das beste sei. Aber dafür ist das Freibad, **das** (____) wir alle kennen, nicht so voll.

Unser Lehrer schlug vor, **dass** (____) wir morgen darüber abstimmen. Ich bringe das Wurfspiel mit,

das (____) ich neu bekommen habe. Ich denke, **dass** (____) das allen Spaß machen wird.

2 **a** Markiere in den folgenden Fragen die Nebensätze mit dem Relativpronomen *das* gelb
und die mit der Konjunktion *dass* grün.

b Setze in jedem Satz die fehlenden Kommas.

- Ist es wichtig dass man beim Sporttreiben viel Wasser trinkt?
- Ist Wasser das viele Mineralien enthält besser?
- Stimmt es dass man vor dem Sport viele Kohlenhydrate essen soll?
- Ist Wasser das ich im Supermarkt kaufe besser als Leitungswasser?
- Glaubst du eigentlich dass Sport glücklich macht?
- Ist es in Ordnung dass ich nach dem Schwimmen eine große Portion Pommes esse?

3 Wähle drei Fragen aus Aufgabe 2 aus und ergänze Antworten. Nutze die folgenden Satzanfänge.

Ich denke, dass … • Ich habe gelesen, dass … • Ich glaube, dass … •
Ich vermute, dass … • Ich finde, dass …

+ **4** Beantworte zwei weitere Fragen aus Aufgabe 2 in deinem Heft. Formuliere *dass*-Sätze.

Die Zeichensetzung

1 Kreuze an, ob die folgenden Aussagen richtig (r) oder falsch (f) sind. ⬜ /5 Punkte

		r	f
A	Zwischen Haupt- und Nebensatz (Satzgefüge) steht nie ein Komma.	⬜	⬜
B	Man kann nur Nomen aufzählen.	⬜	⬜
C	Vor den Konjunktionen *und* und *oder* muss nicht unbedingt ein Komma stehen.	⬜	⬜
D	Eine Satzreihe besteht aus zwei oder mehreren Hauptsätzen.	⬜	⬜
E	Die Konjunktion *dass* leitet einen Nebensatz ein, der mit Komma abgetrennt wird.	⬜	⬜

2 **a** Ergänze in den folgenden Sätzen die passende Konjunktion aus dem Kasten. ⬜ /4 Punkte

   b Notiere in der Klammer, ob es sich um eine Satzreihe (SR) oder um ein Satzgefüge (SG) handelt. ⬜ /4 Punkte

> damit • wenn • aber • und

A Beim Aquaskipping hat man eine Art Fahrrad, _____

man fährt damit im Wasser statt auf der Straße. (_____)

B _____ das funktioniert, befinden sich bewegliche Flügel unter der Wasseroberfläche. (_____)

C Das Fahrrad fährt los, _____ man die Knie kräftig auf und ab bewegt. (_____)

D Das Aquaskipping beansprucht alle Muskeln (,) _____ man trainiert auch die Ausdauer. (_____)

3 Setze die fehlenden Kommas im folgenden Text. ⬜ /16 Punkte

> ## Neue Trendsportarten
>
> Es gibt internationale Sportarten die noch nicht so bekannt sind:
> Beim **Jumping Fitness** braucht man ein kleines Trampolin denn man macht darauf Übungen. Für Menschen die Rücken- oder Gelenkprobleme haben eignet sich dieses Ganzkörper-programm besonders. Trampolinspringen trainiert übrigens alle Muskeln das Herz die inneren Organe den Stoffwechsel und das Kreislaufsystem.
> **Cross-Golfer** brauchen keinen glatten gepflegten sauberen und grünen Rasen denn sie spielen an dem Platz der ihnen gerade passt: Das Ziel dabei kann eine Mülltonne ein Baum eine Zaun-latte sein. Allerdings muss man aufpassen dass man niemanden verletzt da der Golfball eine Person treffen kann die plötzlich auftaucht.

4 Prüfe deine Lösungen mit Hilfe des Lösungsheftes und errechne deine Punktzahl.

☺ 29–25 Punkte	☺ 24–10 Punkte	☹ 9–0 Punkte
Super! Du bist ein Profi.	Nicht schlecht. Wo hattest du noch Schwierigkeiten? Wähle passende Übungen auf den Seiten 103–106 aus.	Du musst noch einmal üben. Arbeite die Seiten 103–106 gründlich durch.

Ich teste meinen Lernstand

Mit diesem Test kannst du feststellen, wie erfolgreich du im Fach Deutsch gelernt hast. Du prüfst,
- wie gut du einen **Sachtext lesen und verstehen** kannst (Test A),
- wie geschickt du **zu einem Thema informieren** kannst (Test B),
- wie gut du dich in der **Grammatik** auskennst (Test C) und
- wie sicher du in der **Rechtschreibung** bist (Test D).

Du kannst alle Tests am Ende des Schuljahrs bearbeiten oder während des Schuljahrs feststellen, in welchen Bereichen du weiterüben musst. Gehe so vor:
- Plane **feste Zeiten** ein, um einen Test zu bearbeiten.
- **Lies** die Aufgaben **genau**, arbeite **ruhig** und **gründlich**.
- Prüfe zum Schluss deine **Lösungen** mit Hilfe des Lösungshefts und berechne deine **Punktzahl.**
- Nun kannst du deine **Fähigkeiten bewerten:** Was kannst du schon sicher? Wo musst du üben?

Test A – Einen Sachtext lesen und verstehen

Rot heißt stehen – Grün heißt gehen

1 Noch vor 100 Jahren war es der Verkehrspolizist, der an stark frequentierten Kreuzungen den Verkehr regelte. Heute kennen und nutzen wir täglich Verkehrsampeln. Mit Hilfe
5 von farbigen Leuchtsignalen ordnen sie den Verkehr und geben den Verkehrsteilnehmern Weisung, ob sie fahren dürfen oder stehen bleiben müssen. Rot heiß: Stopp, anhalten! Gelb gilt als Zeichen für sich nähernde Fahr-
10 zeuge, dass die Kreuzung nun rasch freigemacht werden muss. Bei Grün darf gefahren werden. Ampeln tragen auf diese Weise zur Unfallvermeidung im Straßenverkehr bei. Wenn eine Ampel ausfällt, gilt: Wer von
15 rechts kommt, hat Vorfahrt.

2 In London wurde die erste, mit Gaslampen betriebene Ampel schon 1868 für Kutschen und andere Fuhrwerke aufgestellt. Doch weil ihr Glas nicht widerstandsfähig genug war,
20 explodierten die ersten Ampelanlagen. Mit der Erfindung des Automobils und dem höheren Verkehrsaufkommen wurden auch die Ampelanlagen weiterentwickelt, sodass 1919 die erste elektrische Verkehrsampel in Detroit
25 in den USA in Betrieb ging. Fünf Jahre später kam die Verkehrsampel nach Deutschland. 1924 wurde auf dem Potsdamer Platz in Berlin eine Ampel nach amerikanischem Vorbild errichtet. 43 Jahre später wurde die erste Fuß-
30 gängerampel in Berlin installiert. Grünes Licht bedeutete „gehen" und rotes Licht „warten", das gelbe Signal entfiel. Für die Fußgänger gibt es seitdem nur noch zwei Farben.

3 Das Problem der neuen Fußgängerampeln war allerdings, dass sie zu kleine Lichtsignale 35 hatten. Außerdem war das Ampellicht bei Sonnenschein nur schwer zu erkennen. Deshalb haben heute alle Ampeln einen Metallschirm über dem Leuchtsymbol. Um das Signal für alle Fußgänger, aber insbesondere für 40 gefährdete Gruppen wie Kinder, ältere Menschen und Personen mit Behinderungen noch deutlicher zu machen, kam eine weitere Neuerung hinzu: Kleine Figuren, die Ampelmännchen, leuchteten vor schwarzem Hintergrund 45 auf. Dies erhöhte die Sichtbarkeit und damit die Sicherheit der Verkehrsteilnehmer.

4 Heute findet man Ampelanlagen weltweit an fast jeder Straßenecke, und die Bedeutung der Farben ist überall dieselbe. Und doch gibt 50 es Unterschiede: Das Ampelmännchen ist es, was die Ampeln der Welt voneinander unterscheidet. Fußgängerampeln in Europa zeigen in der Regel das Symbol einer stehenden bzw. gehenden männlichen Figur. Doch das ge- 55 naue Aussehen der Figuren unterscheidet sich deutlich. Seit einigen Jahren finden sich auch Ampelfrauen, Ampelpärchen und andere Darstellungen.

1 Kreuze an, welcher Satz das Thema des Textes (▶ S. 108) am besten zusammenfasst. ☐ /4 Punkte

☐ **A** In dem Text geht es um Sicherheitsvorkehrungen im Straßenverkehr.

☐ **B** In dem Text geht es um Unterschiede der Ampelanlagen weltweit.

☐ **C** In dem Text geht es um die Entwicklung, die Funktion und den Nutzen von Ampelanlagen.

☐ **D** In dem Text geht es um die witzigsten Ampelmännchen der Welt.

2 Im Text sind schwierige Wörter markiert. Erschließe ihre Bedeutung aus dem Textzusammenhang. Ordne den Begriffen A bis F mit Linien die passenden Erklärungen 1 bis 6 zu. ☐ /6 Punkte

A frequentieren (▶ Z. 2)

B Weisung geben (▶ Z. 6–7)

C beitragen (▶ Z. 12–13)

D das Fuhrwerk (▶ Z. 18)

E widerstandsfähig (▶ Z. 19)

F das Verkehrsaufkommen (▶ Z. 22)

1 vorschreiben, anordnen, befehlen

2 häufig befahren/besuchen

3 Zahl der Fahrzeuge an einer Stelle, Verkehrsdichte

4 robust, unempfindlich

5 ein von Pferden gezogener Transportwagen

6 einen Anteil leisten, mithelfen

3 Kreuze an, ob die folgenden Aussagen zum Text richtig (r) oder falsch (f) sind. ☐ /6 Punkte

	r	f
A Ampelanlagen haben Verkehrspolizisten an Kreuzungen ersetzt.	☐	☐
B Wegen des häufig auftretenden Nebels wurden erste Ampeln in London errichtet.	☐	☐
C Fußgängerampeln leuchten genauso wie Verkehrsampeln in Rot – Gelb – Grün auf.	☐	☐
D Die erste Fußgängerampel in Deutschland wurde vor 43 Jahren errichtet.	☐	☐
E Metallschirme schützen Ampellichter vor Lichtreflexen durch die Sonne.	☐	☐
F Mittlerweile werden auch Ampelfrauen und Ampelpärchen dargestellt.	☐	☐

4 Notiere in den Kästchen, welche Abbildung zu welchem Textabschnitt am besten passt. ☐ /3 Punkte

A Abschnitt ☐   **B** Abschnitt ☐   **C** Abschnitt ☐

5 Welche Zwischenüberschrift passt zu welchem Textabschnitt? Trage die Nummern ein. ☐ /4 Punkte

A	Ampelbild ist nicht gleich Ampelbild	Abschnitt	
B	Historische Entwicklung der Ampelanlagen	Abschnitt	
C	Gut beschirmt für bessere Sichtbarkeit	Abschnitt	
D	Farbige Lichter regeln den Verkehr	Abschnitt	

6 Warum sind Ampeln wichtig? Schreibe eine kurze Begründung in dein Heft. ☐ /2 Punkte

Test B – Einen Informationstext verfassen

1 Verfasse für die Fahrrad-AG deiner Schule einen Informationstext, der folgende Punkte enthält:
– Erkläre, welche Verkehrsschilder für Radfahrer es gibt.
– Stelle die Vorteile und Probleme von Fahrradstraßen dar.
– Formuliere am Ende einen Wunsch oder Aufruf an die Verkehrsteilnehmer.

a Lies die Materialien. Markiere in unterschiedlichen Farben Informationen zu den drei genannten Punkten.

b Verfasse mit Hilfe deiner Vorarbeiten den Informationstext in deinem Heft.

M1: *Isa aus der Fahrrad-AG interviewt Schüler Max zum Thema „Fahrradstraße".*

Isa: Max, du wohnst in einer Fahrradstraße. Was gefällt dir daran besonders?

Max: Mir gefällt, dass Radfahrer hier absoluten Vorrang haben. Die Straße ist insgesamt viel ruhiger geworden. Autos dürfen hier nur Schritttempo fahren.

Isa: Hast du auch Konflikte zwischen Rad- und Autofahrern erlebt?

5 **Max:** Ja, leider. Bei manchen Autofahrern scheint es noch nicht angekommen zu sein, dass Radfahrer in Fahrradstraßen zu zweit nebeneinanderfahren dürfen. Da wird dann gerne mal auf die Hupe gedrückt. Das macht uns Radler echt ärgerlich.

10 **Isa:** Denkst du, durch die Fahrradstraßen hört die Raserei der Autos über Nebenstraßen endlich auf?

Max: Hoffentlich! Unsere Fahrradstraße ist eine reine Wohnstraße. Zum Rasen und Überholen ist es eigentlich zu eng. Das tun einige Autofahrer aber leider immer

15 noch! Sie sollten mehr Rücksicht auf Radler nehmen.

M2: Formen und Farben von Verkehrsschildern
Bedeutung der Formen:
O **Kreis:** Gebots- und Verbotszeichen
△ **Dreieck:** Warnzeichen
□ **Rechteck:** Hinweiszeichen
Bedeutung der Farben:
Rot: Verbotszeichen, Gefahr
Blau: Gebots- und Richtzeichen
Gelb: Warnzeichen, Achtung, Vorsicht

M3: Aus dem Schilderwald für Fahrradfahrer

	Fahrradweg ▶ Hier dürfen sich nur Fahrräder aufhalten. Andere Fahrzeuge oder Fußgänger müssen den Radweg freihalten.
	**Gemeinsamer Fuß- und Radweg** ▶ Das Zusatzschild besagt, dass Radfahrer absteigen müssen, z. B. weil es neben der Fahrbahn nicht genügend Platz für Fahrräder gibt.
	Radfahren verboten ▶ Ein Verbot für Radfahrer wird immer nur dann aufgestellt, wenn die Nutzung der Fahrbahn für Radfahrer zu gefährlich ist.
	**Durchfahrt für Autos verboten, für Fahrräder frei** ▶ Das Verbotszeichen „Einfahrt verboten" für Autos wird durch ein Hinweisschild ergänzt, das Fahrradfahrern die Durchfahrt erlaubt.

> Beachte für deinen Schreibprozess die folgenden Hinweise:
>
> **Aufbau/Inhalt:**
> – Hat dein Text eine Einleitung, einen Hauptteil und einen Schluss? (3 Punkte)
> – Beantwortest du in deinem Text die Fragen aus der Aufgabenstellung? (9 Punkte)
> – Sind die Informationen in einer sinnvollen Reihenfolge angeordnet? (3 Punkte)
>
> **Sprache:**
> – Hast du deinen Text gut verständlich formuliert? (2 Punkte)
> – Hast du sachliche Sprache verwendet? (2 Punkte)
> – Nutzt du Satzverknüpfungen, um Zusammenhänge zu verdeutlichen? (4 Punkte)

Test C – Grammatik

1 Im folgenden Kasten gehören immer zwei Wörter zu einer Wortart. ▢ /4 Punkte

a Verbinde die zusammengehörigen Wörter mit einer Linie wie im Beispiel.

| Ampel | stehen | eine | bunt | euer | an | und | ich | nachts |
| alt | Auto | fahren | in | oder | ein | wir | samstags | unser |

b Bestimme die Wortarten in der oberen Reihe. Unterstreiche und markiere die Wörter wie angegeben:
Nomen, Artikel, Adjektiv, Verb, Personalpronomen, Possessivpronomen, Präposition, Konjunktion, Adverb. ▢ /4 Punkte

2 a Bestimme den Kasus (Fall) der markierten Nomen. Notiere in der Klammer:
N (Nominativ), **A** (Akkusativ), **D** (Dativ) oder **G** (Genitiv). ▢ /4 Punkte

(1) An Fußgängerampeln gibt es oft ein Ampelmännchen (_____). (2) Das Ampelmännchen (_____)

zeigt, ob wir warten oder gehen sollen. (3) Wir folgen dem Ampelmännchen (_____) täglich auf unse-

ren Straßen. (4) Das Bild des Ampelmännchens (_____) wird manchmal durch eine Ampelfrau ersetzt.

b Ersetze die markierten Nomen in den Sätzen (2) und (3) durch passende
Personalpronomen. Schreibe sie darüber. ▢ /2 Punkte

3 a Unterstreiche in den folgenden Sätzen alle Verben.

b Präsens (PRÄ), Präteritum (PRÄT), Perfekt (PER) oder Plusquamperfekt (PLU)?
Bestimme die Zeitform der unterstrichenen Verben und kreuze an. ▢ /3 Punkte

	PRÄ	PRÄT	PER	PLU
(1) 1868 stellte man die erste Ampel mit Gaslicht auf.				
(2) 1919 hat man eine elektrische Verkehrsampel in Detroit installiert.				
(3) Vorher waren viele der Ampeln mit Gaslicht explodiert.				

c Schreibe Satz (1) im Passiv auf. Achte auf die richtige Zeitform. ▢ /2 Punkte

4 a Ermittle alle Satzglieder im folgenden Satz. Führe dazu die Umstellprobe im Heft durch.
Schreibe unter jedes Satzglied die passende Bezeichnung. ▢ /5 Punkte

Ampeln   helfen   uns   täglich   im   Straßenverkehr.

b Verknüpfe die beiden Sätze mit einer Konjunktion zu einem Satzgefüge. ▢ /2 Punkte
Ampeln sind nützlich. Sie verhindern Unfälle.

Test D – Rechtschreibung

1 Schreibe über das unterstrichene Wort das Strategiezeichen, das dir bei der
richtige Schreibung hilft: /8 Punkte

<u>Bleibt</u> zu Hause! Diese Anweisung gilt bei einer Pandemie, der weltweiten Verbreitung einer Virus-

krankheit, in vielen <u>Ländern</u>. Die <u>Menschen</u> sollen nicht in großen Gruppen zusammenkommen, um das

Virus nicht weiterzutragen. Im schlimmsten Fall bleiben sogar Schulen und <u>Kindergärten</u> geschlossen,

und auch <u>Spielplätze</u> und öffentliche <u>Bäder</u> darf <u>niemand</u> mehr betreten. Denn es <u>wird</u> überall

in besonderem Maße darauf geachtet, Ansteckungen zu vermeiden.

Das folgende <u>Schild</u> zeigt die wichtigsten Regeln:

  Hände waschen und <u>desinfizieren</u>

Kein <u>Handschlag</u> zur Begrüßung

 <u>Mund</u> und Nase bedecken

<u>Urlaub</u> und Flugreisen
ins <u>Ausland</u> unterlassen

2 a Prüfe die Schreibung der blau markierten Wörter. Streiche die Fehlerwörter durch. /6 Punkte
b In den Abschnitten 1 und 2 finden sich zwei Zusammenschreibungen von Verben
mit unveränderlichen Wörtern und drei Zusammenschreibungen von Nomen.
Unterstreiche sie. /5 Punkte

1. Durch die Verbreitung eines neuen ansteckenden Virus wie zum Beispiel Corona verändert sich
auch der Schulalltag: Freunde mit Umarmungen zu begrüsen/begrüßen, ist nicht mehr erlaubt.
Stattdessen kann man sich mit den Ellbogen oder den Füssen/Füßen abklatschen.
2. Unter dem Tisch Brifchen/Briefchen mit dem Banknachbarn auszutauschen, ist nicht mehr möglich,
da die Tische einzeln stehen und Schülerinnen und Schüler mit Abstand voneinander sitzen/sietzen.
3. Die Klasse muss sich an die neuen Regeln gewöhnen/gewönen. Wenn diese eingehalten werden,
können alle beruhigt zur Schule kommen und sich weiterhin wohlfühlen/wohlfülen.

3 Markiere im folgenden Text die 7 Fehler in der Großschreibung und die 5 Fehler in der
Getrennt- und Zusammenschreibung. Korrigiere die Wörter in der Zeile darüber. /6 Punkte

Nicht erst seit ausbruch des Coronavirus im Jahr 2020 weiß man, dass die einhaltung von

Hygiene Maßnahmen wichtig ist. Das Virus, welches dazu geführt hat, dass welt weit Kinder Gärten,

Schulen, Restaurants und geschäfte geschlossen werden mussten, hat allerdings noch einmal verdeut-

licht, worauf man besonders achten sollte, um die verbreitung von Krankheiten zu verhindern. So sollte

man sich regelmäßig die Händewaschen, in die Arm Beuge niesen und husten und mindestens 1,5 meter

Abstand zu anderen Menschen Halten. Auch das tragen eines Mundschutzes ist sinnvoll.

Deutschbuch

Lösungen

7

Cornelsen

Einen Informationstext schreiben

Einen Informationstext untersuchen

Seite 6

1 a, b

Was ist Stand-up-Paddling? Entspannter Wassersport; Surfen, ohne nass zu werden; Stand-up-Paddling (abgekürzt: SUP) ist ein Wassersport, bei dem man im Stehen auf einem etwa zwei Meter langen Surfbrett über das Wasser paddelt. [...] Es kann auf Seen, Flüssen oder dem Meer ausgeübt werden.

Welches Zubehör benötigt man? Mit entsprechender Schutzkleidung ist die Sportart auch bei kühlerem Wetter möglich. [...] ein Brett, ein Paddel und eine Leine, die das Board mit dem Körper verbindet. Das Tragen einer Schwimmweste wird empfohlen.

Was sollten Anfänger beachten? *gesamte Textpassage von Z. 15 bis Textende Z. 23*: Anfänger nutzen am besten ein breiteres Brett, weil man [...] kann man sich weiter vom Ufer wegbewegen.

Informationen in den Materialien markieren

Seite 7

1 b *Mögliche Markierungen:*

Wie wird Streetboccia gespielt? M1 / Z. 1–4, 11–22; Welches Zubehör braucht man? Z. 5–9, M2; Warum ist Streetboccia ein „Sport für alle"? Z. 4–5, 7–9, M3

⊠ Informationen geordnet aufschreiben

Seite 8

1 *Mögliche Lösung:*

Regeln: drei Bälle pro Spieler/-in; Marker wird an beliebige Stelle geworfen; Ziel: Spielbälle möglichst nah an Marker werfen oder rollen; wessen Ball dem Marker am nächsten liegt: 1 Punkt; viele Sonderregeln möglich
Sieger: wer 13 Punkte erzielt hat
„Sport für alle": nicht an spezielles Spielfeld gebunden; kann überall gespielt werden, z. B. Plätze, Park; weiche Bälle hinterlassen keine Schäden; einzeln oder in Teams spielbar
Zubehör/Spielgerät: handliche, weiche Spielkugeln aus robustem Stoff oder Kunstleder; gefüllt mit Kunststoffgranulat; 7–8 cm Durchmesser (Marker: 5 cm); ca. 150 g (Marker: ca. 40 g); stylisch, modern, fantasievoll, buntes Design

2 Streetboccia wird als Freizeitsport immer beliebter. Man wirft dabei weiche Bälle an die unmöglichsten Orte. Wie funktioniert diese Sportart und was ist das Besondere daran?

⊠ Informationen sachlich formulieren

Seite 9

1 a, b

A	Die robusten, weichen Bälle sind das Coolste [...]	Die robusten, weichen Bälle sind die Besonderheit [...]
B	[...] ist der Streetboccia-Ball ganz fluffig anzufassen.	[...] liegt der Streetboccia-Ball gut in der Hand.
C	Im Inneren des Balls sind kleine Plastikteilchen.	Im Inneren des Balls befindet sich ein Kunststoffgranulat.
D	Durch den megaleichten Ball [...] ist gewährleistet, dass [...] nichts kaputtgeht und keiner sich wehtut.	Durch das geringe Gewicht des Balls [...] ist gewährleistet, dass [...] nichts beschädigt wird und keine Verletzungsgefahr besteht.

c *Mögliche Lösung:*

Die Spielbälle sind pflegeleicht und waschbar. Ein Spielball wiegt ca. 150 Gramm. Es gibt die Spielbälle in unterschiedlichem Design – von bunt bis stylisch.

2 **a, b** Eine **neue** Trendsportart heißt Streetboccia. Sie benötigt kein spezielles Spielfeld, sondern kann überall durch-

3 **a** geführt werden. Die Spielerinnen und Spieler **erhalten** je drei weiche Spielkugeln. Die Person, die das Spiel **eröff-net**, wirft zunächst den kleinen Marker an einen beliebigen Zielort. Einen Punkt **erzielt** der Spieler, dessen Spielball mit dem geringsten Abstand zur Markerkugel, dem sogenannten „Schweinchen", landet. Ein **spezielles** Wurfbild [...] wird mit Sonderpunkten belohnt. Kommt ein Spielball [...] auf einem Spielball der Gegner **zu liegen**, so nennt man dieses Wurfbild „Kill".

b Wenn der Ball so landet, dass gleichzeitig alle eigenen Bälle und auch das „Schweinchen" berührt werden, nennt man dieses Bild „Wurm". Der Spieler erhält drei Punkte.

Einen Informationstext überarbeiten

Seite 10

1, **2**, **3**

Wie wird Streetboccia gespielt? **Welches Zubehör braucht man?** Warum ist Streetboccia ein „Sport für alle"?

Streetboccia ist ein neuer Freizeitsport, der besonders bei Jugendlichen beliebt ist. **Was braucht man für diese Sportart,** zu wem passt sie und welche Regeln bestimmen das Spiel? Vielleicht habt ihr euch das auch schon einmal gefragt.

Als Spielgerät dienen weiche, handliche, ~~wie von Omi genähte~~ **Stoffbälle.** Diese müssen möglichst nah am Zielball, der ~~komischerweise das~~ „Schweinchen" genannt wird, landen. Nachdem dieser Marker ausgeworfen wurde, müssen alle anderen versuchen, ihm mit ihren Bällen möglichst nahe zu kommen. Es gibt keine genauen Vorgaben, wohin der Ball geworfen werden muss. Jeder kann selbst entscheiden, wo der Marker landet. Jeder Spieler erhält drei Bälle. Wessen Ball dem „Schweinchen" am nächsten kommt, der erhält einen Punkt. Man kann Streetboccia fast überall spielen ~~– nur nicht ungefragt in Nachbar-Schmidts Garten oder im Museum.~~

Die Spielkugeln sind pflegeleicht, waschbar und bestehen aus robustem, weichem Stoff, der im Inneren mit Kunststoffgranulat gefüllt ist. Ein Spielball wiegt ca. 150 Gramm. Streetboccia ist an kein spezielles Spielfeld gebunden. Man kann diese Sportart überall in der Stadt betreiben, zum Beispiel auf Plätzen oder im Park. Daher ist Streetboccia ein Sport „für alle".

Bestimmt könnt ihr euch nun gut vorstellen, wie Streetboccia gespielt wird. Zusammenfassend lässt sich behaupten, dass Streetboccia ein Freizeitspaß für alle ist, der leicht ausgeübt werden kann und gute Laune bereitet.

---

4 *Mögliche Lösung:*
Unter Jugendlichen zählt Streetboccia zurzeit zu den beliebtesten Trendsportarten. Wie wird es gespielt, welches Zubehör man braucht man dafür und für wen ist die Sportart geeignet?
Die Besonderheit beim Streetboccia ist, dass es an kein spezielles Spielfeld gebunden ist. Man kann es fast überall in der Stadt spielen, zum Beispiel auf Plätzen oder im Park. Als Spielgerät dienen leichte, handliche Stoffbälle. Diese Spielkugeln bestehen aus robustem, weichem Stoff, der waschbar ist und im Inneren mit Kunststoffgranulat gefüllt ist. Jede Spielerin und jeder Spieler erhält drei Bälle. Zum Spiel gehört auch ein kleinerer Markerball, das sogenannte „Schweinchen". Dieser wird zu Beginn des Spiels an einen beliebige Stelle geworfen. Nun müssen alle anderen versuchen, dem Marker mit ihren Bällen möglichst nahe zu kommen. Wessen Ball dem „Schweinchen" am nächsten kommt, der erhält einen Punkt. Für bestimmte Positionen der Bälle gibt es zusätzliche Punkte. Es ist auch möglich, gemeinsam neue Regeln festzulegen, z. B. wie der Ball geworfen werden muss. Streetboccia ist ein Freizeitspaß für alle, da der Sport leicht auszuüben ist, überall möglich ist und gute Laune bereitet.

5 *Individuelle Lösung*

In einem Forumsbeitrag Stellung nehmen

Einen Forumsbeitrag untersuchen

Seite 11

2 (Meinung des Verfassers, Argumente/Begründungen, Beispiele, Schlussteil mit Forderung/Vorschlag)
Meiner Meinung nach brauchen wir strengere Regeln zur Einhaltung der Mensa-Ordnung. Ich bin dafür, weil wir in einer sauberen Mensa unser Essen besser genießen können. Zum Beispiel könnte eine Schüleraufsicht darauf achten, dass niemand seinen Platz schmutzig hinterlässt und Essensreste von jedem selbst weggewischt werden. Strengere Regeln wären außerdem sinnvoll, weil wir dadurch das Chaos in der Warteschlange bei der Essensausgabe verhindern könnten. Momentan kommt es beispielsweise ständig vor, dass Einzelne sich vordrängeln oder neben ihren Mitschülern weiter vorne einreihen. Durch eine strengere Mensa-Ordnung könnten wir auch erreichen, dass wir bei einer angenehmen Lautstärke essen können. In unserer Mensa ist der Lärmpegel viel zu hoch, z. B. weil einige sich laut über die Tische hinweg zurufen, sodass die Mittagspause oft nicht entspannend ist. Zusammenfassend lässt sich sagen, dass das Mittagessen in einer sauberen, freundlichen und ruhigen Umgebung viel erholsamer wäre. Daher schlage ich vor, dass wir die Mensa-Ordnung regelmäßig in den Klassen besprechen und eine Schüleraufsicht zur Einhaltung der Regeln einrichten.

3 *Satzverknüpfungen:* weil (Z. 3, 7, 14), dass (Z. 5, 9, 13, 16, 17), sodass (Z. 15)
Signalwörter für Beispiele: zum Beispiel (Z. 4), beispielsweise (Z. 9), z. B., (Z. 14)

Lehrkräfte duzen? – Meinung, Argument, Beispiel

Seite 12

1 b, c, d *Mögliche Lösung:*

Meinung: Ich bin **dafür,** Lehrkräfte im Unterricht zu duzen.

Argument	Beispiel
Das Duzen schafft Vertrauen.	Man fühlt sich „näher", spricht Lehrkräfte evtl. eher bei Problemen an.

Meinung: Ich bin **dagegen,** Lehrkräfte im Unterricht zu duzen.

Argument	Beispiel
Ich finde das Duzen unhöflich.	So nicht üblich bei Erwachsenen, außer bei guten Bekannten, z. B. Freundin/Freund der Eltern.

2 a (Meinung, Argument)
Meiner Meinung nach sollten wir unsere Lehrkräfte duzen dürfen. Das Duzen ist sinnvoll, weil dadurch mehr Vertrauen zwischen Schülern und Lehrern einer Klasse entsteht.
b *Mögliche Lösung:*
Ich bin gegen das Duzen, weil man durch die „Sie"-Form mehr Respekt zeigt. Gegen das Duzen spricht außerdem, dass man Erwachsene eigentlich immer siezen sollte.

Argumente mit Beispielen verknüpfen

Seite 13

1 a Er ist der Meinung, dass Jugendliche ihre Lehrkräfte **nicht duzen sollten.**

b Argumente	Beispiele
Der Respekt gegenüber Lehrkräften geht [...] verloren.	Manche Schüler glauben dann, sich alles erlauben [...]
Erwachsene werden immer mit „Sie" angesprochen.	Die „Sie"-Form schafft höflichen Abstand im Alltag [...]
Die Schule soll uns auf das Arbeitsleben vorbereiten.	Praktikum/Beruf: Es ist wichtig, die Anrede mit „Sie" [...]
Nur durch die „Du"-Form [...] bessert sich das Verhältnis nicht.	Vertrauen entsteht durch Handeln [...]

2

Verknüpfung + Argument Ein Argument gegen das Duzen ist, …	Beispiel
dass der Respekt gegenüber den Lehrkräften verlorengeht.	Zum Beispiel glauben manche Schüler dann, sich im Unterricht oder auf Ausflügen alles erlauben zu können.
dass Erwachsene immer mit „Sie" angesprochen werden.	Beispielsweise schafft die „Sie"-Form höflichen Abstand im Alltag, z. B. in der Bäckerei oder in der Arztpraxis.
dass die Schule uns auf das Arbeitsleben vorbereiten soll.	So ist es beispielsweise im Praktikum oder später im Beruf sehr wichtig, die Anrede mit „Sie" gut zu beherrschen.
dass nur durch die „Du"-Form allein sich das Verhältnis nicht bessert.	Vertrauen untereinander entsteht durch das Handeln, etwa wenn man im Alltag Hilfsbereitschaft oder Freundlichkeit zeigt.

3 Das Duzen ist nicht sinnvoll, weil der Respekt gegenüber den Lehrkräften verloren geht. Das zeigt sich dann beispielsweise an Schülerinnen und Schülern, die glauben, sich alles erlauben zu können. Außerdem ist das Duzen problematisch, weil sich das Verhältnis nicht bessert, bloß weil man sich mit „Du" anspricht. Vertrauen entsteht durch Handeln, zum Beispiel wenn man im Alltag Hilfsbereitschaft oder Freundlichkeit zeigt.

Argumenten zustimmen oder widersprechen

Seite 14

1 a *pro:* Luna, Lin; *kontra:* Tarek, Max, Kim
   b *Individuelle Antwort*
   c *Mögliche Lösungen:*
   pro: Die „Du"-Form macht den Schülerinnen und Schülern mehr Mut, sich am Unterricht zu beteiligen.
   kontra: Die „Du"-Form gegenüber Erwachsenen ist in der deutschen Sprache nicht üblich.

2 a *Mögliche Lösung:*

Argumente	Beispiele
Lehrer als „Kumpel" sehen	in Vertretungsstunden, auf Ausflügen fühlt man sich mehr verbunden
„Du" stärkt den Mut	selbstbewusster im Unterricht (Mitarbeit)
Lehrkräfte verlieren ihre Autorität	bei wichtigen und ernsthaften Diskussionen muss der Respekt da sein
„Sie" schafft Abstand	Lehrkräfte sollen sachlichen Blick behalten
Lehrkräfte zu duzen wirkt komisch	man fühlt sich unwohl dabei; regt zum Lachen an oder verunsichert

   b *Mögliche Lösung:*
   Zustimmen: Ich bin wie Luna der Meinung, dass man sich sicherer fühlt, wenn man seine Lehrkräfte duzen darf. Dafür spricht auch die Tatsache, dass ein „Du" den eigenen Mut stärkt.
   Ablehnen: Ich teile Tareks Meinung nicht, dass Lehrkräfte durch das Duzen nicht mehr ernst genommen werden, und zwar aus folgendem Grund: Gerade ein „Du" schafft ein vertrauensvolles Zusammenarbeiten auf Augenhöhe.

3 a *Mögliche Lösung:*
   Die Schule ist nicht nur ein Ort des Lernens. Schülerinnen und Schüler verbringen dort viel Zeit und müssen sich nicht nur mit Gleichaltrigen in der Klasse, sondern auch mit ihren Lehrkräften auseinandersetzen. Deswegen ist es wichtig, sich über den Umgang miteinander Gedanken zu machen und sich zu fragen: Ist es richtig, dass die Lehrkräfte gesiezt werden? Meiner Meinung nach sollten Lehrkräfte geduzt werden / nicht geduzt werden.

   b, c *Mögliche Lösung:*
   (pro) Ich bin dafür, Lehrkräfte im Unterricht zu duzen. Denn ich finde, dass das Duzen Vertrauen schafft. Dadurch wird deutlich, dass man gleichberechtigt am Gelingen der Aufgaben arbeitet. Die „Du"-Form macht mir außerdem Mut, mich mehr im Unterricht zu beteiligen, weil ich die Angst verliere, etwas Falsches zu sagen. Da beruhigt und

bestärkt mich ein partnerschaftliches „Du". Ich kann verstehen, dass einige der Meinung sind, dass die Schule auf die Arbeitswelt vorbereiten soll, wo ein „Sie" an der Tagesordnung ist. Dennoch fühle ich mich wohler bei einem vertrauensvollen „Du" im Klassenraum. Schließlich schaffen wir unser Ziel nur durch eine vertrauensvolle Zusammenarbeit. Aus den genannten Gründen bin ich dafür, Lehrkräfte in der Schule zu duzen.

➕ **4** *Individuelle Antwort*

Eine Person beschreiben

Eine Personenbeschreibung untersuchen

Seite 15

1 Die Person ist in einer geordneten Reihenfolge von oben nach unten beschrieben.

2 **a, b, c, d** (allgemeine Angaben, **Kleidung**, Aussehen, besondere Details, Wirkung)
Die Breakdancerin ist ungefähr 15 Jahre alt und mittelgroß. Sie hat ein ovales Gesicht und schulterlange, braune Haare, die zu Zöpfen geflochten sind. Auf ihrem Kopf trägt sie eine **grüne Schirmmütze**, aus der die Zöpfe und ein schräg geschnittener Pony herausragen. Sie ist mit einem **grasgrünen T-Shirt** bekleidet. Dieses hat einen **V-Ausschnitt** und sitzt sehr locker an ihrem Körper. Das Mädchen trägt eine **blaue, weite Jeans**, die Risse an den Knien hat. Die Hose wird durch einen **schmalen Gürtel** gehalten. Die Hosenbeine sind an den Knöcheln hochgekrempelt. An den Füßen trägt das Mädchen **gelbe Stoffschuhe mit einer weißen Spitze und schwarzen Schnürsenkeln.** Die Tänzerin wirkt lässig und sportlich. Es scheint, als wäre sie ganz in die Musik vertieft, zu der sie sich gerade tanzend bewegt.

Die Kleidung einer Person genau beschreiben

Seite 16

1 *links oben:* der Pullover, der runde Ausschnitt, rot
links unten: die Jeans, hellblau, knöchellang, zwei Taschen

rechts oben: zwei Knoten, hochgesteckt
rechts in der Mitte: der Rucksack, gelb, die Sterne
rechts unten: die Turnschuhe, blau, weiße Sohlen

2 Die Bloggerin ist ungefähr **16 Jahre** / 6 Jahre alt und etwa **1,60 m** / 198 cm groß.
Ihre dunkelbraunen / **schwarzen** Haare sind kurz / **zu zwei Knoten hochgesteckt.**

3 Sie trägt eine hellblaue, knöchellange Jeans, die hinten zwei Taschen hat. Sie trägt einen roten Pullover, der einen runden Ausschnitt hat. Sie trägt blaue Turnschuhe, die weiße Sohlen haben. Sie trägt einen gelben Rucksack, der mit Sternen bedruckt ist.

Ein Gesicht genau beschreiben

Seite 17

1 **Gesichtsform:** oval; **Haare:** rotblond, lockig, wellig; **Augenfarbe:** grün; **Frisur:** schulterlang, der schräge Pony, zipfelig; **Besonderheiten:** die Brille, die Sommersprossen; **Gesichtsausdruck:** freundlich, lächelnd; **Wirkung:** aufgeschlossen, lässig, sympathisch, erwachsen, modern

2 Nora ist etwa **13 Jahre** alt. Ihre **rotblonden** Haare sind **schulterlang** und **wellig/lockig**. Das Mädchen hat eine **ovale** Gesichtsform und **grüne** Augen. Als Besonderheiten fallen ihre **Sommersprossen** und die **Brille** auf. Nora hat einen **freundlichen/lächelnden** Gesichtsausdruck und wirkt **aufgeschlossen/lässig/sympathisch**.

3 *Look A:* Nora trägt ihre Haare hier ***hochgesteckt.*** Dieser Look lässt sie ***streng*** und ***ernst/erwachsen*** wirken.
Look B: Noras Haare sind ***zum Pferdeschwanz gebunden,*** der Pony fällt ***zipfelig*** ins Gesicht. Dies wirkt ***flippig/lässig*** und ***frech.***

☒ Eine Person vollständig beschreiben

Seite 18

1 *Name, Größe und Hobbys müssen gestrichen werden.*

2	Gesicht/Gesichtsausdruck: oval, schmal, dunkle Augen, schwarze Augenbrauen; nachdenklich, ernst
3	Haare/Frisur: der Stufenschnitt, schwarz, kurz
1	ungefähres Alter: 16–17
6	Wirkung: sportlich, lässig, geheimnisvoll
5	Körperhaltung: aufrecht, die Hände in den Jackentaschen
4	Kleidung: weißes Sweatshirt, zweifarbige Baseballjacke (türkis/weiß), kleiner Kragen, graue Sneaker, dunkelblaue Jeans, eng geschnitten

2 *Mögliche Lösung:*

Der Junge ist ungefähr 16 bis 17 Jahre alt und schlank. Er hat ein ovales Gesicht mit dunklen Augen. Seine Haare sind schwarz und kurz in einem Stufenschnitt. Die Frisur ist fransig. Den Pony hat er zur Seite gekämmt. Er trägt eine zweifarbige Baseballjacke mit einem kleinen Kragen. Diese ist türkis mit langen, weißen Ärmeln. Unter der Jacke trägt er ein weißes Sweatshirt. Dazu kombiniert er eine lange, eng geschnittene dunkelblaue Jeans. An den Füßen trägt der Junge graue Sneaker. Er steht aufrecht und hat seine Hände in die Jackentaschen gesteckt. Der Junge wirkt sportlich, lässig und aufgrund seines nachdenklichen Gesichtsausdrucks auch ein bisschen geheimnisvoll.

Einen Vorgang beschreiben

Lavendeldruck – Die Schritte eines Vorgangs verstehen

Seite 19

1 1 – D, 2 – E, 3 – F, 4 – A, 5 – B, 6 – C

2 Für den Lavendeldruck brauchst du **ein T-Shirt** und **eine Laserkopie** mit einem schönen Motiv. Außerdem benötigst du **Lavendelöl, einen Pinsel, einen Kochlöffel, Klebeband, Backpapier und ein Bügeleisen.**

▶ Aktiv- und Passivformen verwenden

Seite 20

1 Die Überschrift „T-Shirts mit dem Lavendeldruck verschönern" beschreibt den Vorgang genauer.

2 a, b

Als Erstes **schiebst** du ein Stück Backpapier in das T-Shirt. Als Nächstes **klebst** du das Motiv [...] Zuerst **tropfst** du das Lavendelöl [...]. Danach **wird** das Öl **aufgetragen.** Dann **reibst** du [...] **ein. Du musst** [...] aufdrücken, damit das Motiv vollständig **übertragen wird.** Anschließend **kontrollierst** du, ob [...] sichtbar **ist.** Dafür **musst** du [...] anheben. Schließlich **lässt** du [...] trocknen. Nun **musst** du [...] bügeln. Abschließend **kannst** du [...] entfernen. Das bedruckte T-Shirt kann [...] **gewaschen werden.**

3 Du darfst nicht zu viel Öl verwenden, weil das Motiv sonst verschwimmt.
Das Motiv darf nicht verrutschen, darum musst du vorsichtig arbeiten.
Am Ende muss das Motiv gebügelt werden, denn dadurch wird die Farbe im Stoff fixiert.

Zusammenhänge durch Verknüpfungen darstellen

Seite 21

1 ~~Let's fetz!~~ T-Shirts ~~oder alte Klamotten im Handumdrehen~~ mit Lavendelöl bedrucken

2 a, b ~~Dann~~ Zunächst schiebst du [...]. ~~Dann~~ Anschließend klebst du das Motiv [...]
~~Dann~~ Danach tropfst du das Lavendelöl [...] ~~Dann~~ Als Nächstes verstreichst du [...]

3 Anschließend reibst du das Öl [...] ein. → Anschließend **wird** das Öl [...] **eingerieben.**
Du musst den Löffel fest aufdrücken. → Der Löffel **wird** fest **aufgedrückt.**
Zur Kontrolle hebst du das Papier vorsichtig an. → Zur Kontrolle **wird** das Papier vorsichtig **angehoben.**
Schließlich entfernst du das Papier. → Schließlich **wird** das Papier **entfernt.**
Nach dem [...] legst du ein Backpapier auf das Motiv. → ... **wird** ein Backpapier auf das Motiv **gelegt.**
Zum Schluss bügelst du das T-Shirt. → Zum Schluss **wird** das T-Shirt **gebügelt.**

4 *Mögliche Lösung:*
Du solltest Schriften in Spiegelschrift ausdrucken, damit man sie auf dem T-Shirt richtig lesen kann.

Eine vollständige Vorgangsbeschreibung verfassen

Seite 22

1 Ein T-Shirt mit Lavendeldruck verzieren

2

Arbeitsschritt	Aktiv	Passiv
Motiv aufkleben	Du klebst das Motiv auf.	Das Motiv wird aufgeklebt.
Lavendelöl auf die Vorlage tropfen	Du tropfst das Lavendelöl auf [...]	Das Lavendelöl wird [...] getropft.
Öl gleichmäßig verstreichen	Du verstreichst das Öl gleichmäßig.	Das Öl wird gleichmäßig verstrichen.
Kochlöffel fest aufdrücken	Du drückst den Kochlöffel fest auf.	Der Kochlöffel wird fest aufgedrückt.
Papier anheben	Du hebst das Papier an.	Das Papier wird angehoben.
Papier entfernen	Du entfernst das Papier.	Das Papier wird entfernt.
Motiv bügeln	Du bügelst das Motiv.	Das Motiv wird gebügelt.

3 *Mögliche Lösung:*
Zunächst klebst du ... **Danach** tropfst du ... **Als Nächstes** verstreichst du ... **Anschließend** wird ... Du musst ...
Zur Kontrolle ... **Schließlich** wird ... **Nachdem** das T-Shirt getrocknet ist, ... **Später** wird ...

4 a 1 – C, 2 – A, 3 – D, 4 – B
b *Mögliche Lösung:*
Das Motiv muss gut festgeklebt werden, **weil** es bei der Arbeit nicht verrutschen soll.
Verwende nicht zu viel Öl, **denn** durch zu viel Flüssigkeit kann das Motiv verschwimmen.
Achte darauf, dass du den Löffel fest aufdrückst, **um** das Motiv vollständig auf den Stoff **zu** übertragen.
Bügele das T-Shirt am Ende, **damit** das Motiv durch die Hitze auf dem Stoff fixiert wird.

Eine Kalendergeschichte lesen und verstehen

Eine Kalendergeschichte lesen

Seite 23

1 b Es geht um den Jungen Giufa, der je nachdem, wie er gekleidet ist, unterschiedlich behandelt wird.

Den Inhalt der Kalendergeschichte verstehen

Seite 24

1 richtig: A, B, D, F   falsch: C, E

2 B

3 zugerichtet: verletzt; einesgleichen: Leute wie du

4 a [...] um ein Stück Brot **bat**. (Z.4) – bitten; [...] und **lud** ihn [...] **ein**. (Z.20–21) – einladen; Die Bauersleute [...] **schwiegen** (Z.29–30) – schweigen

b *Diese Wortbedeutungen treffen hier zu:* **losfahren:** b. **auftragen:** b. **betreten:** b.

Merkmale von Kalendergeschichten erkennen

Seite 25

1

	Wie sieht Giufa aus?	**Was macht Giufa?**	**Was geschieht mit ihm?**
erster Besuch	– Seine Kleidung ist unordentlich. – Alle gehen ihm aus dem Weg.	Er bettelt um ein Stück Brot.	– Er wird verjagt. – Hunde zerreißen seine Hose.
zweiter Besuch	Seine Mutter kleidet ihn in eine feine Hose und eine Samtweste.	Er wird von der Mutter an denselben Bauernhof geschickt.	– Er wird eingeladen. – Er isst mit der Familie. – Man behandelt ihn freundlich.

2 *Das Lösungswort lautet:* BRATEN.

3 *Mögliche Lösung:* Beim ersten Besuch wird Giufa vom Hof verjagt. Man erwartet beim Lesen, dass er auch beim zweiten Besuch vertrieben wird. Aber diesmal wird er sogar freundlich zum Essen eingeladen. Dies liegt nur daran, dass Giufa nun saubere und feine Kleider trägt.

Den Wendepunkt und die Lehre erschließen

Seite 26

1

Verhalten	**Erklärung**
Giufa fordert seine Kleider auf, zu essen: [...]	Giufa will verdeutlichen, dass er nur wegen seiner schönen Kleidung zum Essen eingeladen wurde und nicht, weil die Bauersfamilie an ihm als Person interessiert ist.
Die Bauersleute blicken schweigend [...].	Es ist ihnen unangenehm, dass Giufa sie durchschaut hat. Sie schämen sich, weil Giufa ihnen ihr schlechtes Benehmen vorführt.

2 *Mögliche Lösung:*
Während des gemeinsamen Mittagessens kommt es zur überraschenden Wendung: Giufa spricht zu seinen Kleidern und fordert sie auf, sich satt zu essen (Z.25–26). Er sagt, eingeladen sei eigentlich nicht er selbst, sondern seine schönen Kleider (Z.27–28). Als die Bauersleute das hören, blicken sie betreten auf ihre Teller und schweigen (Z.29–30). Denn sie merken, dass ihr feiner Gast derselbe Junge ist, den sie zuvor verjagt hatten. Sie erkennen, dass ihr Verhalten falsch und oberflächlich war.

3 a B

b *Mögliche Lösung:* Man sollte darauf achten, dass man ein gepflegtes Äußeres hat. Denn leider beurteilen die anderen uns oft nach unserem Aussehen.

4 Alle typischen Merkmale einer Kalendergeschichte können nachgewiesen werden.

+ 5 *Mögliche Lösung:*
„[...] Aber es ist doch auch schade, dass die Leute sich so leicht von Äußerlichkeiten beeinflussen lassen."

Eine Inhaltsangabe schreiben

Den Inhalt einer Kalendergeschichte verstehen

Seite 27

1 richtig: C falsch: A, B

2 *Aussage A passt besser zum Ende des Textes.*

Die indirekte Rede verwenden

Seite 28

1

Begegnung 1 (Z. 1–7)	Vater reitet, Sohn geht	Ratschlag Wanderer: Sohn soll reiten Begründung: Vater habe stärkere Glieder als der Sohn
Begegnung 2 (Z. 8–12)	Sohn reitet, Vater geht	Ratschlag Wanderer: Vater soll reiten Begründung: Sohn habe jüngere Beine
Begegnung 3 (Z. 13–19)	Sohn reitet, Vater reitet	Ratschlag Wanderer: beide absteigen Begründung: zu schwer für das schwache Tier
Begegnung 4 (Z. 20–24)	Sohn geht, Vater geht	Ratschlag Wanderer: einer solle reiten Begründung: es gehe leichter, wenn wenigstens einer reitet

2 a *links oben: A   rechts oben: C   links unten: D   rechts unten: B*
b, c
Ein Wanderer wirft dem Vater vor, es sei nicht recht, dass er seinen Sohn laufen lasse. Er habe stärkere Glieder. Ein Wanderer fragt sie, ob es nicht leichter gehe, wenn einer von ihnen reite. Ein Wanderer ruft [...] zu, es sei nicht recht, dass er reite und seinen Vater [...] gehen lasse. Er habe jüngere Beine. Ein Wanderer bemerkt, sie seien drei [...]

Die Einleitung schreiben

Seite 29

1 ein Vater, ein Sohn, vier Wanderer, ein Esel

2 Die Kalendergeschichte „Seltsamer Spazierritt" von Johann Peter Hebel aus dem Jahr 1808 handelt von einem Vater und seinem Sohn, die es allen recht machen wollen.

3 a *Wörtliche Rede kommt in den Zeilen 3–5, 9–11, 14–17, 21–24 vor.*
b [...] Da begegnet ihnen ein Wanderer, der dem Vater vorwirft, dass er seinen Sohn laufen lasse, obwohl er selbst stärkere Beine habe. Daraufhin steigt der Vater vom Esel und lässt seinen Sohn reiten. Kurz darauf begegnet ihnen ein Wandersmann, der ihnen zuruft, es sei nicht recht, dass er reite und den Vater laufen lasse. Also steigen beide auf den Esel. Etwas später kommt ein dritter Wandersmann. Dieser ist der Meinung, dass beide viel zu schwer für den schwachen Esel seien. Deshalb steigen beide ab und gehen zu Fuß. Der vierte Wanderer meint, es reiche doch, wenn zwei zu Fuß gingen. Daraufhin binden Vater und Sohn den Esel an einen Baumpfahl und tragen ihn auf ihren Schultern heim.

Eine Inhaltsangabe schreiben

Seite 30

1 In der Kalendergeschichte „Seltsamer Spazierritt" von Johann Peter Hebel aus dem Jahr 1808 geht es um einen Vater und seinen Sohn, die es allen recht machen wollen.

2 a, b, c

Z. 3–5: Der Wanderer beschwert sich, es sei nicht recht, dass er reite und seinen Sohn laufen lasse. Er habe stärkere Glieder.

Z. 8–11: Ein anderer Wandersmann sagt zu dem Jungen, es sei nicht recht, dass er reite und seinen Vater zu Fuß gehen lasse. Er habe jüngere Beine.

Z. 13–15: Ein dritter Wandersmann empört sich, was es für ein Unverstand sei, zwei Kerle auf einem schwachen Tier.

Z. 20–22: Ein vierter Wandersmann fragt, ob es nicht genug sei, wenn zwei zu Fuß gehen? Und er schlägt vor, dass es leichter gehe, wenn einer von beiden reitet.

3 a *Vergleiche Lösung zu Seite 29, Aufgabe 3b*

   b In dieser Geschichte wird gezeigt, was passieren kann, wenn man es allen recht machen will.

⊕ **4** *Individuelle Lösung*

Einen (Online-)Sachtext lesen

Vermutungen anstellen und überprüfen

Seite 32

1 a, b *Individuelle Lösung*

2 Es geht um die Erkundung von Steinmetzzeichen im Rahmen einer Projektwoche.

3 a *Zu diesen Begriffen kann man über einen Hyperlink weitere Informationen abrufen:*
Burkarder Kirche (Vorspann), Würzburg (Vorspann), Steinmetz (Z. 30), Steinmetzzeichen (Z. 31), Logo (Z. 38), Familienwappen (Z. 39), Baumeisterfamilie (Z. 41).

   b *zusätzlicher Link zum Thema:* virtuelle Tour (S. 22–23 oben links im Kasten „Tor zur Vergangenheit")

4 *Mögliche Lösung:*
Das Diagramm zeigt, was aus Sicht von 6- bis 13-Jährigen den Spaß beim Lernen erhöhen kann.

Den Text genau lesen und den Inhalt verstehen

Seite 33

1 b **Absatz 1 (Z. 1–7):** Welche Besonderheit …? – Projektwoche zur Stadtgeschichte, Thema „Handwerk im Mittelalter", siebte Klasse einer Würzburger Realschule, wuselige Werkstatt

Absatz 2 (Z. 8–13): Was verändert sich …? – Schülerinnen und Schüler begeistert; Thema selbst aussuchen, im eigenen Tempo arbeiten, Teamarbeit in Gruppen, selbstständige Internetrecherche

Absatz 3 (Z. 14–28): Welche Aufgabe …? – Zeichen an der Burkarder Kirche finden, überlegen, was sie bedeuten könnten

Absatz 4 (Z. 29–41): Wie nennt man die Zeichen [...] und wozu dienten sie? – Steinmetzzeichen, dienten zur Abrechnung der erledigten Aufträge von Steinmetzen sowie als eine Art Logo, Familienwappen

Absatz 5 (Z. 42–48): Was geschieht …? – Steinmetzzeichen abzeichnen, Recherche zu weiteren Fragen in der Schule, positives Feedback zum Ausflug

2 a „Darauf" (Z. 15) bezieht sich auf „Infoblatt". „Damit" (Z. 18) bezieht sich auf „Fotos mit geheimnisvollen Zeichen".

   b Z. 36: „Am Zahltag konnten sie damit zeigen, …" → Das Adverb „damit" bezieht sich auf „ihr Zeichen".
   Z. 44: „Im Internet soll weiter dazu recherchiert werden." → Das Adverb „dazu" bezieht sich auf „weitere Zeichen".
   Z. 46: „[...] ob es dafür ein System gab" → Das Adverb „dafür" bezieht sich auf „die Zeichen".

Informationen zusammenfassen und vergleichen

Seite 34

1 **a, b** *Mögliche Lösung:*

Absatz 1 (Z. 1–7): Projektwoche zum Handwerk im Mittelalter (Vom Klassenraum zur Werkstatt!)
Absatz 2 (Z. 8–14): Begeistert bei der Sache (Begeisterung statt Langeweile!)
Absatz 3 (Z. 15–29): Suchauftrag am Kirchengemäuer (Die Zeichendetektive)
Absatz 4 (Z. 30–44): Die Bedeutung der Steinmetzzeichen (Steinmetzzeichen: Abrechnung und Werbung)
Absatz 5 (Z. 45–51): Weitere Recherche und positive Rückmeldung (Den eigenen Fragen auf der Spur)

2 **a** *Absatz 4 (Z. 29–41) informiert über den Steinmetzberuf und über Steinmetzzeichen.*
b *Mögliche Lösung:*

Der Steinmetz im Mittelalter	Steinmetzzeichen
– Handwerksberuf – schlug Steine für ein Bauwerk in Form, stapelte sie – ritzte in obere Reihe Zeichen ein, um Anzahl zu zeigen – wurde nach Stück am Zahltag bezahlt	– wurden vom 12. bis zum 17. Jahrhundert verwendet – dienten zur Abrechnung der erledigten Aufträge – konnten zum Familienwappen werden – helfen, Arbeit einer Baumeisterfamilie über Jahrhunderte nachzuverfolgen

3 **b** A: richtig, B: falsch, C: richtig

4 in Gruppen lernen: Z. 10–11, 18–19, 22–26; Spaß am Lernen: Z. 6–7, 8–13, 20–28, 44–48; am Computer arbeiten: Z. 11–12, 43–44

☒ Inhalte aufeinander beziehen und Merkmale erfassen

Seite 35

2 **a** *Mögliche Lösung:*

In dem Text „Geheimnisvollen Zeichen auf der Spur" geht es um die Erlebnisse einer siebten Klasse im Rahmen eines Projektwochenausfluges. Im ersten Absatz (Z. 1–7) wird beschrieben, was die Klasse in ihrer Projektwoche behandelt. Sie beschäftigt sich mit dem Thema „Handwerk im Mittelalter". Der zweite Absatz (Z. 8–13) hat zum Thema, wie motiviert die Schülerinnen und Schüler sind. Laut der Lehrerin liegt es daran, dass sie sich das Thema selbst aussuchen und im eigenen Tempo arbeiten können. Auch Teamarbeit in kleinen Gruppen und die selbstständige Recherche im Internet wirkten sich positiv aus. Im dritten Absatz (Z. 14–28) wird beschrieben, wie die Klasse auf die Suche nach geheimnisvollen Zeichen an der Burkarder Kirche geht und Vermutungen dazu anstellen soll. Der vierte Absatz (Z. 29–41) erklärt, was die Steinmetzzeichen bedeuten. Sie dienten zur Abrechnung und helfen uns heute, die Arbeit der Baumeisterfamilien nachzuverfolgen. Der fünfte Absatz (Z. 42–48) beschreibt, welche Recherche Schülerinnen und Schüler planen und wie positiv der Ausflug wahrgenommen wird.

b *Mögliche Lösung:*

Das Diagramm stellt die Ergebnisse einer Umfrage unter Kindern von **6** bis **13** Jahren dar. Gefragt wurde, was den Spaß **beim Lernen** erhöhen würde. Besonders wichtig ist den Befragten, dass **mehr Projektunterricht stattfindet und keine Hausaufgaben gegeben werden.** Außerdem würden sie gern **mehr Aufgaben am Computer erledigen.**

3 *Mögliche Lösung:*

Im Text wird deutlich, dass die Klasse motiviert war, weil projektartig in Gruppen zu einem Thema gearbeitet wurde. Die Schülerinnen und Schüler konnten im eigenen Tempo arbeiten und sich austauschen. Der Klasse gefiel auch, dass am Computer recherchiert werden konnte. Dies deckt sich mit den Ergebnissen der Umfrage, laut derer sich 6- bis 13-Jährige mehr Projektunterricht wünschen und das Lösen von Aufgaben am Computer bevorzugen.

4 **a, b** *Mögliche Lösungen:*
- „Hineinspringen" ins Geschehen: Z. 1–4
- wörtliche Rede: Z. 1, 8–12, 14–15, 16, 19–20, 21, 26–28, 37–41, 44–46, 47–48
- Schildern im Präsens: z. B. ruft (Z. 1), staunt (Z. 8), winkt herbei (Z. 22), kündigt an (Z. 46), möchte erkunden (Z. 46)
- ausdrucksstarke Verben: z. B. entlockt (Z. 1), stöhnt (Z. 16), winkt (Z. 22), scherzt (Z. 27), grinst (Z. 48)
- anschauliche Adjektive: z. B. zart (Z. 2), wuseligen (Z. 6), strahlendem (Z. 17), geheimnisvollen (Z. 18), rauen (Z. 24)

➕ 5 *Mögliche Lösung:*
Vorteile: Text ist in der Regel aktuell (Inhalte werden aktualisiert), enthält weiterführende Links, kann online kommentiert und in sozialen Netzwerken geteilt werden, Bilder können größer gezoomt werden.

Was kannst du schon? – Grammatik

Seite 36

1 **a, b** *(für jeden richtigen Kasus im Kästchen 1 Punkt, für jedes Nomen im richtigen Kasus 1 Punkt)*
brauchst (A) du einen Tisch, einen Strohhalm, **legst** (A) du die Dosen, **benötigst** (A) du einen Abstand, **nimmst (**A)
du den Strohhalm, **zieht** (A) die Dose **an, ähnelt** (D) einem Schiff, **nähert** (D) sich … dem Boden

2 *(für jede richtige Form 1 Punkt)*
stärker, am schnellsten

3 **a** *(für das richtig bestimmte Personalpronomen 1 Punkt)*
Durch den so entstehenden Sog kann es auf Grund laufen.
b *(für jede richtig ergänzte Lücke ½ Punkt)*
Das Personalpronomen es im letzten Satz steht für das Schiff.

4 *(für die richtige Unterstreichung 1 Punkt)*
Bei unserem Versuch ist leider etwas schiefgegangen. Den müssen wir noch einmal wiederholen. Auch wenn er uns dieses Mal nicht geglückt ist, klappt es vielleicht beim nächsten Mal. Das wäre großartig!

5 *(für jeden richtig ergänzten Kasus 1 Punkt, für jedes richtig ergänzte Nomen 1 Punkt)*
Du legst die Dosen auf (**A**) den Tisch. Sie liegen auf (**D**) dem Tisch.

6 **a** *(für jede richtig ergänzte Zeitform 1 Punkt)*
bewegen sich, nennt, lebte, erforschte, durchgeführt hatte, entdeckte
b *(für jede richtig bestimmte Zeitform 1 Punkt)*
Nachdem wir den Versuch erprobt hatten, erklärte unser Lehrer uns den Bernoulli-Effekt.
Ich habe ihn noch nicht ganz verstanden, werde aber im Internet dazu recherchieren. Das hilft mir oft.

7 *(für jede richtig unterstrichene Verbform 1 Punkt)*
Verbformen im Aktiv: führt … vor, lässt, bewegen sich, entsteht
Vebformen im Passiv: werden … gehalten, wird … geblasen

8 **a, b** *(für den Satz in einer richtigen anderen Satzgliedstellung 2 Punkte, für jedes richtig umkreiste Satzglied 1 Punkt)*
Mögliche Lösung: Den Bernoulli-Effekt führt dir ganz leicht ein einfacher Versuch vor.
c *(für die richtige Satzverknüpfung 1 Punkt, für das Komma im Satzgefüge mit einem Kausalsatz 1 Punkt)*
Sie bewegen sich aufeinander zu, weil ein Sog entsteht.

Die Wortarten

Das Nomen

Seite 38

1 **a, b** **blau (der/ein):** EINEN ZENTIMETER ; **grün (das/ein):** EIER, EIN EXPERIMENT, EIN EI, EIN TRINKGLAS, DAS
GLAS, DAS EI; **rot (die/eine):** DIE FLÜSSIGKEIT; **ohne Artikel:** ROHE EIER *(Überschrift)*, VIEL ESSIG
c Das Nomen in der Überschrift steht im **Plural.**

2 a (1) Was passiert nun mit ~~das~~/dem Ei?, Nach ~~wenige~~/wenigen Minuten, auf ~~die~~/der, aus ~~viele~~/vielen Bläschen, Nach ~~eine~~/einer Stunde, auf ~~den~~/dem Ei.

  b (2) den Essig, das Ei, des Eis, dem Ei, den flüssigen Inhalt

⊕ 3 *Nominativ:* der Essig, das Ei; *Genitiv:* des Essigs, des Eis; *Dativ:* dem Essig, dem Ei; *Akkusativ:* den Essig, das Ei

Nomen in den richtigen Kasus setzen

Seite 39

1 A Isst du gerne **ein** Frühstücksei? Dazu legst du **das** Ei in einen Topf mit kochendem Wasser.

  B Das Ei gelingt **dem** Koch oder **der** Köchin, wenn … Folge am besten **der** Regel: …

2 A Du brauchst **einen Topf** mit heißem Wasser. Fall: **Akkusativ** – Wen oder was brauchst du?

  B Du hältst **das Ei** zur Hälfte ins Wasser. Fall: **Akkusativ** – Wen oder was hältst du zur Hälfte ins Wasser?

  C Ein Löffel hilft **dir** dabei, dass du dich nicht verbrühst. Fall: **Dativ** – Wem hilft ein Löffel dabei?

  D Ergebnis: Die untere Hälfte **des Eis** ist gekocht, die obere roh. Fall: **Genitiv** – Wessen untere Hälfte ist gekocht?

3 dir = Dativ – *Wem zeigen wir …?;* ein Ei = Akkusativ – *Wen oder was legst du einen Tag lang in Essig ein?;* den Essig = Akkusativ – *Wen oder was schüttest du weg?;* ein Glas = Akkusativ – *Wen oder was füllst du mit Wasser …?;* dem Ei = Dativ – *Wem kannst du dabei zusehen, wie es größer wird?;* das Experiment = Akkusativ – *Wen oder was kann man so erklären?;* das Wasser = Nominativ – *Wer oder was dringt ins Ei ein?;* das Eiweiß = Nominativ – *Wer oder was kann nicht hinaus?*

Pronomen unterscheiden

Seite 40

1 (Personalpronomen, **Demonstrativpronomen,** Possessivpronomen)
Schon seit Urzeiten essen die Menschen Eier. Sie stammen normalerweise von Hühnern. Wenn man ein Ei kocht oder brät, wird es fest, und man kann ihm dabei zusehen, wie es seine Struktur verändert. Der Legebetrieb des Huhns und Angaben darüber, wie es gehalten und ernährt wurde, stehen auf der Schale. Auf **dieser** steht auch, wann das Huhn sein Ei gelegt hat.

2 a, b, c

  A Er legt riesige Eier, er besteht aber auch aus Blumen. **Strauß**

  B Für dieses Fest im Frühling werden Eier bunt gefärbt. **Ostern**

  C Sie schützt das Ei und das heranwachsende Küken. **Schale**

  D Sie ist ein Hühnervogel und legt kleine Eier. **Wachtel**

  d Personalpronomen

3 Ein Huhn legt normalerweise drei bis fünf Eier in der Woche. **Sie** sind braun oder weiß. Legt ein Huhn mit braunen Federn auch braune Eier? Nein! **Es** kann auch weiße legen. Sein Ohrläppchen ist entscheidend. Mit **ihm** kann man die Farbe des Eis bestimmen. Ist **es** weiß, sind auch die Eier weiß. Braune Eier […] bekommt man, wenn **sie** rot sind.

Pronomen verwenden

Seite 41

4 Ein Konditor benutzt oft Eier. **Diese** braucht **er** zum Backen und Zubereiten von Kuchen und Torten. Für eine

Erdbeertorte werden zwei Eier genommen. Aus **ihnen** wird zusammen mit Mehl und Zucker ein Teig gerührt. **Den**

füllt man in eine Backform und backt den Tortenboden. Nach dem Erkalten wird **dieser** mit Sahne bestrichen.

Zum Schluss halbiert man Erdbeeren und verteilt **sie** auf der Sahne. Lecker!

⊠ **5** (Personalpronomen, **Demonstrativpronomen)**
[…], sondern es wird in Eigelb und Eiweiß getrennt. **Dieses** wird […] aufgeschlagen. **Diese** Masse wird Eischnee genannt. Mit ihm kann man […] Aber auch für Kuchen ist er geeignet: Der Eischnee […] macht ihn […] Isst du lieber vegan? Dann kannst du den Eischnee ersetzen. Nimm […] und rühre es mit etwas […]. **Das** klingt seltsam […].

⊠ **6** (Personalpronomen, **Demonstrativpronomen**, Possessivpronomen)
[…]. Wusstest du, dass man sie auch […]? Dazu braucht man ein Ei. **Dieses/Es** muss unbedingt […], da es roh verarbeitet wird. Man benötigt nur das Eigelb. **Dieses/Es** wird […]. Nach und nach […]. Bewahre deine Mayonnaise […] verbrauche sie schnell.

Das Adjektiv

Seite 42

1 vor der **evangelischen** Kirche, **riesige** Seifenblasen, die **bunten** Riesenblasen, die **dünnen** Blasen, eine **kleine** Spende , der **junge** Seifenblasenkünstler

2 a hoch – höher – am höchsten, schnell – schneller – am schnellsten, groß – größer – am größten,
bunt – bunter – am buntesten
b, c am größten (gelb/Superlativ), schneller (grün/Komparativ), genauso bunt (blau/Positiv) wie die der anderen, am höchsten (gelb/Superlativ)

⊕ **3** *Mögliche Lösungen:*
evangelisch, eckig

Adjektive steigern

Seite 43

☑ **1** (Positiv, Komparativ, Superlativ)
die viel **kleineren** Seifenblasen, genauso wie **riesige** Seifenblase, als **jüngeres** Kind, eine Art **runde** Schleife, in einen **kleinen** Plastikbehälter, durch **vorsichtiges** Pusten, die **schönsten** Seifenblasen, Eine **schwierigere** Angelegenheit, sehr **große** Seifenblasen, Am **wichtigsten**, eine **ruhige** Hand

⊠ **2** a (Positiv, Komparativ, Superlativ)
eigen, klein, beste, normal, seifig, größte, länger, feucht, alt, hektisch
b (Positiv, Komparativ, Superlativ)
deine **eigenen** Riesenseifenblasen, **am besten**, ein ganz **normales** Shampo, vier bis fünf **kleine** Löffelchen, einen **alten** Kleiderbügel, den **seifigen** Ring, zu **hektische** Armbewegungen, die **größten** Blasen, Bei **feuchtem** Klima, eine **längere** Lebensdauer

⊠ **3** a, b (Positiv, Komparativ, Superlativ)
Bei einer **riesigen** Seifenblase, die **seifige** Haut, immer **länger**, zu einer **kugelrunden** Blase, Bei sehr **trockenem** Wetter, **leichter** als, mit **hoher** Luftfeuchtigkeit, **schneller** verdunstet. Die **besten** Seifenblasen, an einem **regnerischen** Tag

Mit Präpositionen Verhältnisse verdeutlichen

Seite 44

1 in manchen Regionen, auf den Tisch, aus einem Krautkopf, Farbe an den Händen, für das Kleinschneiden, mit etwas Zucker, bei dem Kochvorgang, zu dem Kraut

2 a,b (Dativ, Akkusativ)
bei diesem Experiment, **aus** einem Blaukraut, **mit** Wasser, **Bei** diesem Vorgang, **zu** einer Art Blau, **durch** ein Sieb, **ohne** eine Zutat, **mit** etwas Essig, **von** einer Zitrone, **mit** dem Zucker, **Durch** den Essig und die Zitrone.

c *Wohin?* → Akkusativ: Gib es in einen Topf.
Wo? → Dativ: Nun ist in jedem Glas blaue Flüssigkeit.

Präpositionen verwenden

Seite 45

☑ 1 bei **dem** Blaukraut-Experiment, von **der** Beobachtung zu **einer** Theorie, **durch** ein Experiment, aus **einem** blauen Kraut, durch **den** Fruchtzucker, mit **einem** Löffel Zucker, zu **dem** Beweis, aus **dem** Apfel, für **den** Farbwechsel

☒ 2 (Dativ, Akkusativ)
bei der Analyse, mit **einem** Stück Zucker, ohne **einen** Zusatz, durch **die** Farben, durch **den** Geruch, aus **einer** defekten Leitung, mit **einer** stark riechenden Substanz

☒ 3 a, b, c (Dativ, Akkusativ)
zu **den** Naturwissenschaften, auf **dem** Gebiet, In **der** Schule, bei **den** Schülern, mit **den** Lebewesen, Durch **die** Forschung, in **der** Chemie, mit **einem** anderen Stoff, In **der** Physik, um **das** Thema Energie, in **einem** Raum, zu **einer** bestimmten Zeit

Das Verb

Seite 46

1 wird (Überschrift), schaut, sieht, kannst

2 a A stichst, nimmst, hältst, näherst, kann, trägst, ist, absetzt
b B Halte, Schaue

3 a linsen, schauen, erkennen, sehen, blicken
b linst, blickst/schaust, erkennt/sieht, erkennst/siehst, blickst/schaust

⊕ 4 funktionieren, sein, herangehen

Das Adverb

Seite 47

1 a (Wo?, Wann?, Warum?, Wie?)
Schwimmen Eiswürfel in einem Getränk **oben** oder **unten**? (Wo schwimmen Eiswürfel?)
Läuft das Glas **anschließend** (Wann läuft das Glas deshalb über?), wenn die Eiswürfel schmelzen, **deshalb** über? (Warum läuft das Glas anschließend über?)
Ein Experiment beantwortet diese Fragen **leicht** (Wie beantwortet ein Experiment diese Fragen?).

1 b,
2 b Wo? oben, oben, unten, draußen; **Wann?** anschließend, jetzt, danach, zuerst;
Warum? deshalb; **Wie?** leicht, sehr
a zuerst – danach – oben – besonders/sehr – draußen – Jetzt – sehr/besonders

⊕ 3 (Wo?, Wann?, Warum?, Wie?)
Bei einer Klimaerwärmung steigt der Meeresspiegel überall. Darum sind Inseln stark betroffen.

Adverbien verwenden

Seite 48

☑ 1 (Wo?, Wann?, Warum?, Wie?)
heutzutage, viel, überall, oben, deshalb, aktiv

☒ 2 a, b (Ort – Wo?, Zeit – Wann?, Art und Weise – Warum?, Grund – Wie?)
dort, sehr, früher, mittags, oben, deshalb.

⊠ **3** *(Ort – Wo?, Zeit – Wann?, Art und Weise – Warum?, Grund – Wie?)*
jederzeit, daheim, Hier, immer, vielleicht, stets, Deshalb, oben

Teste dich! – Wortarten

Seite 49

1 a *(für jedes richtig erkannte Wort 1 Punkt)*
(männlich, weiblich, sächlich) (die) CHEMIE, (das) ROHR, der DAMPF, (die) FLAMME
b *(für jedes Nomen mit Artikel 1 Punkt)*
das Glas, das Gas
c *(für jedes erkannte Verb 1 Punkt; für die Wortart 1 Punkt)*
(öffnen, riechen) Wortart: Verb

2 a *(für jedes Adjektiv in der richtigen Form 1 Punkt)*
zu den **interessantesten/interessanten** Beschäftigungen, mit dem **heißen** Dampf, auch **gefährliche** Bakterien
b *(für die richtige Form im Komparativ und Superlativ je 1 Punkt)*
heiß, heißer, am heißesten
c *(für jedes erkannte Adverb 1 Punkt, für jede richtige Bestimmung 1 Punkt)*
sofort = adverbiale Bestimmung der Zeit; hier = adverbiale Bestimmung des Ortes;
erst = adverbiale Bestimmung der Zeit

3 *(für jedes richtig bestimmte Pronomen 1 Punkt; für jedes passend ergänzte Pronomen 1 Punkt)*
a Personalpronomen: mir, wir   Possessivpronomen: sein, unser   Demonstrativpronomen: diese
b **Unser** Lehrer ist nett. **Mir** gefällt **sein** Unterricht. **Diese** Woche experimentieren **wir.**

4 *(für jede erkannte Präposition ½ Punkt; für jede richtige Artikelform ½ Punkt)*
Um **eine** AG, einmal in **der** Woche, **für die** siebten Klassen, in den Physikräumen, **bei den** Schülerinnen,
Von **den** 25 Plätzen, mit **den** Mädchen aus **der** 7a.

Das Tempus des Verbs

Das Präsens und das Futur I

Seite 50

1 legt – stülpt – schwenkt – rollt … entlang – hebt … hoch – fällt … heraus

⊕ **2** A Morgen zeige ich den Versuch. Er klappt sicher. B Morgen werde ich den Versuch zeigen. Er wird sicher klappen.

Das Perfekt

Seite 51

1 a habe … ausprobiert, hat … funktioniert, ist … gefallen, ist … passiert
b ist … gerollt, hat … hochgehoben, ist … hinausgefallen, hat … geklappt
c Konjugation mit *sein:* fallen, passieren, rollen, hinausfallen

2 a, b, c Wir **haben** gestern Versuche zur Zentrifugalkraft **durchgeführt.** Dafür **haben** wir ein rohes Ei auf einer Tischplatte **gedreht.** Dann **haben** wir es mit dem Finger **gestoppt.** Das Ei **hat** nicht **angehalten.** Anschließend **haben** wir ein gekochtes Ei **gedreht.** Beim Stoppen **hat** das Drehen sofort **aufgehört.**

Das Präteritum

Seite 52

1 a (starke Verben, schwache Verben)

nutzten, entwickelten, erfand, trennte, beschleunigten, erzeugte

b Im 19. Jahrhundert drehte sich die Zentrifuge 42000-mal in der Minute. Später entwickelte ein Forscher eine noch schnellere Zentrifuge. 1926 bekam er für seine Erfindung den Nobelpreis.

2 *starke Verben:* besprechen (besprachen), entwerfen (entwarfen)

Schon früher entwickelten, planten, besprachen, entwarfen und bauten Ingenieure neue Geräte.

Das Präteritum bei starken und schwachen Verben

Seite 53

1 a, b er half – helfen, du sprachst – sprechen, wir blieben – bleiben, ihr sagtet – sagen

c *Mögliche Lösung:*

schwache Verben: ihr sagtet – sagen, du kauftest – kaufen

starke Verben: er half – helfen, du sprachst – sprechen, wir blieben – bleiben, ich nahm – nehmen

2 a, b

– Der Forscher sprach ... Wir sprach en ...

– Du sprach st ... Ich half ... Bei der Auswertung der Ergebnisse half en ein paar Mitarbeiter. Ihr half t ...

3 a, b, c

~~nehmen ... teil~~ → nahmen teil, testeten, ~~nutzen~~ → nutzten, ~~halten ... fest~~ → hielten ... fest, ~~gewinnen~~ → gewannen

Das Plusquamperfekt

Seite 54

1 hatte ... nachgedacht, sich ... informiert hatte, ausgezeichnet hatte

2 a, b

A Nachdem Merit die Kosmetikprodukt untersuchte, fasste sie die Ergebnisse zusammen. → Nachdem Merit die Kosmetikprodukte **untersucht hatte,** ...

B Bevor Merit die Untersuchung abschloss, prüfte sie weitere Produkte. → ..., **hatte** sie weitere Produkte **geprüft.**

C Nachdem Merit den Versuch beendete, kaufte sie nur noch Produkte ohne Plastik. → Nachdem Merit den Versuch **beendet hatte,** ...

3 a Merit stellte der Jury ihre Ergebnisse vor. Sie untersuchte viele Kosmetikprodukte.

b Nachdem Merit viele Kosmetikprodukte **untersucht hatte**, stellte sie der Jury ihre Ergebnisse vor.

Teste dich! – Das Tempus des Verbs

Seite 55

1 a, b *(für jede richtige Streichung 1 Punkt, für jede richtige Zeitform 1 Punkt)*

(für jede richtige Zuordnung starke/schwache Verben 1 Punkt)

~~bauten~~ → bauen, ~~erfinden~~ → erfanden / haben ... erfunden, ~~spreche~~ → gesprochen hatte,

~~beginnen~~ → begannen, ~~stellten ... vor~~ → stellen vor

c *(für jede richtige Ergänzung 1 Punkt)*

Präsens oder Futur I; in der Zukunft

2 a *(für jede richtig ergänzte Zeitform 1 Punkt)*

beteiligen, brauchen werden / brauchen, hofft, war, bewies, gesiegt hatte, reiste, nahm … teil, belegte

b *(für jede richtig bestimmte Zeitform 1 Punkt)*

(Präsens, Futur I, Perfekt, Präteritum, Plusquamperfekt)

Wir haben uns auch beworben. Nachdem wir lange getüftelt hatten, stand die Idee fest. Ob wir gewinnen werden? Das ist unklar.

Aktiv und Passiv

Aktiv- und Passivsätze unterscheiden

Seite 56

1 b (Aktiv, Passiv, Subjekt)

Jeden Tag wird mit dem Handy nicht nur telefoniert. Wir verschicken auch viele Nachrichten und Bilder. Wie funktioniert die Übertragung? Beim Senden wird ein Funksignal an eine Sendeanlage geschickt. Dieses Signal wird als „elektromagnetische Welle" bezeichnet. Durch die Wellen breiten sich die Signale in alle Richtungen im Raum aus. Dabei wird unterschiedlich große Energie übertragen. Wissenschaftler unterscheiden verschiedene Arten von elektromagnetischen Wellen. Sonnenstrahlen bestehen zum Beispiel ebenfalls aus solchen Wellen. Sie werden auf der Haut als Wärme wahrgenommen. Die Funksignale für Handys strahlen dagegen keine spürbare Wärme aus.

2 Passiv: Handymasten werden oft auf Hausdächern installiert.

Aktiv: Man installiert Handymasten oft auf Hausdächern. / Handymasten installiert man oft auf Hausdächern.

Aktiv- und Passivsätze verwenden

Seite 57

1 b, c, d

~~Das Handy~~ schickt ein Funksignal an eine Sendeanlage. (geschickt) → Ein Funksignal **wird** an eine Sendeanlage **geschickt.**

~~Die Sendeanlage~~ sendet die Daten an einen Computer. (gesendet) → Die Daten **werden** an einen Computer **gesendet.**

~~Der Computer~~ leitet die Daten an eine andere Sendeanlage weiter. (weitergeleitet) → Die Daten **werden** an eine andere Sendeanlage **weitergeleitet.**

~~Diese Sendeanlage~~ überträgt das Funksignal an das Empfängerhandy. (übertragen) → Das Funksignal **wird** an das Empfängerhandy **übetragen.**

2 a SMS werden von Nutzern geschrieben und verschickt. Sie werden von Empfängern gelesen.

b Nutzer   schreiben   und   verschicken   SMS.

3 *Mögliche Lösung:*

Ein Funksignal wird von dem Handy an eine Sendeanlage geschickt.

Die Daten werden von der Sendeanlage an einen Computer gesendet.

Aktiv und Passiv in verschiedenen Zeitformen

Seite 58

1 a, b

Präsens: ich rufe (Aktiv) – ich werde gerufen (Passiv); **Präteritum:** ich rief (Aktiv) – ich wurde gerufen (Passiv);

Perfekt: ich habe gerufen (Aktiv) – ich bin gerufen worden (Passiv); **Plusquamperfekt:** ich hatte gerufen; ich war gerufen worden

⊠ **2**   A Mit Funkwellen wird gerade in Physik gearbeitet.   B Ein Versuch wurde gestern durchgeführt.
        C Die Geräte waren aufgebaut worden.   D Der Versuch wurde dann gestartet.

⊠ **3**   a (Präsens, <u>Präteritum</u>, Plusquamperfekt)
      <u>experimentierten</u>, <u>verwendeten</u>, <u>leuchteten</u>, angestrahlt hatte, erschienen, besteht, hat, bricht, fächert ... auf
    b Für den Versuch **wurden** eine sehr helle Taschenlampe und ein Prisma **verwendet.** Nachdem das Prisma **ange-**
      strahlt worden war, erschienen an der Wand farbige Streifen. So **wird** weißes Licht in seine Farben **aufgefächert.**

Teste dich! – Aktiv und Passiv

Seite 59

1   a, b *(für jede richtig unterstrichene Verbform 1 Punkt)*

     (<u>Aktiv</u>, <u>Passiv</u>)
     <u>nutzen</u>, <u>wird</u> ... eingesetzt, <u>wird</u> ... verwendet, <u>versenden</u>

2   *(für jeden richtigen Satz im Passiv 2 Punkte)*
     A Beim Senden werden elektromagnetische Wellen genutzt.
     B Weltweit werden riesige Datenmengen verschickt.

3   a *(für jede richtig bestimmte Zeitform 1 Punkt)*
     2020 verschickten die Deutschen insgesamt 7 Milliarden SMS. – **Präteritum**
     Heute senden die Menschen weniger Kurznachrichten. – **Präsens**
     Die Leute verwenden nun öfter Messengerdienste wie Whatsapp. – **Präsens**
    b *(für jeden richtig ins Passiv umgeformten Satz 2 Punkte)*
     2020 wurden insgesamt 7 Milliarden SMS verschickt. Heute werden weniger Kurznachrichten gesendet. Nun wer-
     den öfter Messengerdienste wie Whatsapp verwendet.

Wortbildung

Wörter neu bilden

Seite 60

1   a, b *Nomen + Nomen:* 2. Wohnhaus, 3. Hausmeister, 6. Hausbewohner; *Adjektiv + Nomen:* 1. haushoch, 5. Hochhaus;
     Verb + Nomen: 4. Spielhaus

2   *Mögliche Lösung:*
     wohnlich, die Wohnung, bewohnen, wohnhaft, der Bewohner, das Wohngebäude

⊕ **3**   *Mögliche Lösung:*
     das Puppenhaus, haushalten, der Haushalt, häuslich, der Hausmann, die Behausung, hausen

Wortzusammensetzungen und Ableitungen

Seite 61

1   Eine <u>Bratpfanne</u> ist eine Pfanne, mit der man etwas braten kann. Ein <u>Türgriff</u> ist ein Griff, mit dem man eine Tür
     öffnet. Die <u>Sitzfläche</u> ist eine Fläche, auf der man sitzen kann. Ein <u>Gehweg</u> ist ein Weg, auf dem man gehen kann.
     Eine <u>Trinkflasche</u> ist eine Flasche, aus der man trinken kann. Eine <u>Stehlampe</u> ist eine Lampe, die steht.

⊠ **2**   a, b   (-acht-) Wenn wir jemanden <u>beachten</u>, sind wir aufmerksam und zugewandt. Sind wir <u>achtsam</u>, passen wir
     besonders auf. <u>Achtung</u> heißt: Vorsicht!
     (-end-) Wenn wir etwas <u>beenden</u>, hören wir damit auf. Die <u>Endung</u> eines Wortes verrät uns, wie es geschrieben
     wird. Wenn etwas <u>endlich</u> ist, ist es begrenzt.

⊠ **3** a, b *Mögliche Lösung:*

(-nutz-) nutzbar, die Nutzung, nützlich, der Nutzer, benutzen

(-teil-) die Teilung, teilen, unteilbar, die Verteilung, verteilen

(-freund-) befreunden, der Freund, freundlich, anfreunden, die Freundschaft

Satzglieder

Mit der Umstellprobe Satzglieder erkennen

Seite 62

1 a, b (Subjekt, Dativobjekt, Akkusativobjekt)

Wem?   *Wen oder was?*   *Wer?*   *Wem?*   *Wen oder was?*

Dem Kunststoff verdanken wir einen bequemen Alltag. Aber Plastik bereitet unserem Planeten Probleme.

Wer?   *Wen oder was?*

Millionen Tonnen verschmutzen jedes Jahr unsere Umwelt.

c *Mögliche Lösung:*

Jedes Jahr verschmutzen Millionen Tonnen unsere Umwelt.

2 a, b, c (Subjekt, Dativobjekt, Akkusativobjekt)

(1) Wir nutzen Plastik fast überall. (2) Der vielseitige Kunststoff erleichtert uns das Leben.

(3) Diesen Fortschritt verdanken wir der Forschung. (4) Heute müssen wir die Plastiknutzung reduzieren.

⊕ **3** Wir setzen Plastik fast überall ein.

Dativ- und Akkusativobjekt unterscheiden

Seite 63

⊡ **1** a, b, c (Subjekt, Dativobjekt, Akkusativobjekt)

den Schulen (*Wem?*), der Stoff (*Wer?*), der Wissenschaftler (*Wer?*), eine Probe (*Wen oder was?*) dem Chemiker (*Wem?*)

⊠ **2** a, b Mögliche Lösung:

(Subjekt, Dativobjekt, Akkusativobjekt)

1907 stellte ein Chemiker nach langem Tüfteln seinem Publikum an einem sonnigen Tag eine besondere Entdeckung vor.

⊠ **3** a (1) Die Herstellung von PVC glückte /B/ 1907. (2) Sein deutscher Kollege Hermann Staudinger untersuchte /D/ genauer. (3) Er stellte /C/ fest. (4) Dafür wurde /A/ der Nobelpreis verliehen.

b, c (Subjekt, Dativobjekt, Akkusativobjekt)

(1) Die Herstellung von PVC glückte einem amerikanischen Chemiker 1907. (2) Sein deutscher Kollege Hermann Staudinger untersuchte den neuen Kunststoff genauer. (3) Er stellte eine besondere Zusammensetzung fest. (4) Dafür wurde ihm der Nobelpreis verliehen.

Attribute unterscheiden

Seite 64

1 a, b (Adjektivattribut, Präpositionalattribut, Genitivattribut

(1) Wir alle nutzen Produkte aus Plastik. (2) Das praktische Material bietet uns große Vorteile.

(3) Doch der Kunststoff schafft leider ein Müllproblem.

(4) Durch die Herstellung des Kunststoffes wird die Luft verschmutzt.

(5) Das Wegwerfen von Plastik schadet der Natur. (6) Die Ozeane enthalten gewaltige Plastikmengen.

(7) Die Beseitigung des Mülls ist eine große Herausforderung.

2 a der Becher, der aus Kunststoff ist → der Becher aus Kunststoff = **Präpositionalattribut**
das Müllproblem, das groß ist → das große Müllproblem = **Adjektivattribut**
b *Individuelle Lösungen*

3 *Mögliche Lösung:*
(Adjektivattribut, Präpositionalattribut)
Doch der nützliche Kunststoff schafft ein riesiges Müllproblem ohne einfache Lösungen.

Attribute verwenden

Seite 65

1 a, b, c (Adjektivattribut, Präpositionalattribut, Genitivattribut)
Amerikanische Forscher entwickelten nach Monaten der Forschung eine Folie ohne Plastik.
Nach Monaten der Forschung entwickelten amerikanische Forscher eine Folie ohne Plastik.

2 a, b (Adjektivattribut, Präpositionalattribut, Genitivattribut)
Mit Folien aus Plastik, unnötiger Müll, eine besondere Folie,
einen bestimmten Bestandteil der Milch, Das umweltfreundliche Material

3 a Das Material, das umweltfreundlich und stabil ist, kann Plastikfolie ersetzen.

Das Material, das die Forscher erfanden, kann bald im Alltag eingesetzt werden.

b Das umweltfreundliche und stabile Material kann Plastikfolie ersetzen.
Das von den Forschern erfundene Material kann bald im Alltag eingesetzt werden.

Adverbiale Bestimmungen verwenden

Seite 66

1 b A Wann wurde das heutige Internet erfunden? → adverbiale Bestimmung der Zeit
B Warum hat ein […] Psychologe ein einfaches Datennetzwerk erfunden? → adverbiale Bestimmung der Grundes
C Wo entstand auf diese Weise das „Arpanet"? → adverbiale Bestimmung des Ortes
D Wie entstand 1989 das World Wide Web? → adverbiale Bestimmung der Art und Weise

2 *Mögliche Lösung:*
Das Internet wurde in den 1960er-Jahren *(Wann?)* in den USA *(Wo?)* durch technische Weiterentwicklungen *(Wie?)*
zur Verbesserung des Datenaustausches *(Warum?)* erfunden.

Teste dich! – Die Satzglieder

Seite 67

1 a, c *(für jedes richtig unterstrichene Satzglied 1 Punkt, für jedes richtig bestimmte Satzglied 1 Punkt)*
(**Subjekt**, Prädikat, adverbiale Bestimmung der Zeit, adverbiale Bestimmung des Ortes,
adverbiale Bestimmung der Art und Weise)
Herrscher durch das Verschicken von Botschaften schon vor über 5000 Jahren kommunizierten im alten Ägypten.
b, c *(für jedes richtig gesetzte Satzglied 1 Punkt, für jedes richtig bestimmte Satzglied 1 Punkt)*
Mögliche Lösung:
Im alten Ägypten kommunizierten **Herrscher** schon vor über 5000 Jahren durch das Verschicken von Botschaften.

2 *(für jedes richtig bestimmte Satzglied 1 Punkt)*

Heute können wir anderen Menschen problemlos Briefe und E-Mails schicken. – **D**

Früher war der Austausch von Botschaften nicht immer einfach. – **S**

Die ersten Boten übermittelten die Nachrichten nur mündlich. – **A**

Oft gingen Botschaften auf dem Weg verloren. – **S**

Erst durch die Erfindung der Schrift kam es zum Austausch von Briefen. – **P**

Das Internet ermöglicht uns einen noch schnelleren Austausch von Nachrichten. – **D**

3 *(für jedes richtig gekennzeichnete Attribut 1 Punkt)*

zuverlässiges – Adjektivadtribut, von Nachrichten – Präpositionalattribut, der Post – Genitivattribut

Sätze verknüpfen

Satzreihe und Satzgefüge unterscheiden

Seite 68

1 a, b wenn (Satzgefüge) – nachdem/als (Satzgefüge) – denn (Satzreihe) – indem (Satzgefüge) – dass/als (Satzgefüge) – und (Satzreihe)
Vor alle Konjunktionen muss ein Komma gesetzt werden, nur vor „und" kann es entfallen.

2 A Ann gewann den ersten Preis, weil ihre Erfindung besonders war.
B Ann gewann den ersten Preis, denn ihre Erfindung war besonders.

3 *Mögliche Lösungen:*
Könnten wir Energie, wenn wir ein besonderes Gerät benutzen, irgendwie anders herstellen? /
Könnten wir, wenn wir ein besonderes Gerät benutzen, Energie irgendwie anders herstellen?

Kausal- und Temporalsätze unterscheiden

Seite 69

1 a Ann Makosinski erfand ein neues Gerät, [als] sie einen heißen Kaffeebecher in der Hand hielt. [Während] ein heißes Getränk abkühlt, setzt es Energie frei.
b Wann erfand Ann Makosinski ein neues Gerät? Wann setzt es Energie frei?

2 a Dieser funktioniert wie ein elektrisches Gerät, [weil] der Temperaturunterschied zwischen außen und innen Spannung erzeugt. Man kann damit sogar sein Smartphone aufladen, [da] er einen USB-Anschluss besitzt.
b Warum funktioniert er wie ein elektrisches Gerät? Warum kann man damit sogar sein Smartphone aufladen?

3 *Individuelle Lösungen*

Kausalsätze verwenden

Seite 70

1 a, b
A Wäschewaschen verursacht Probleme, [weil] winzige Plastikteilchen dadurch ins Wasser gelangen.
B Dieses Mikroplastik entsteht, [da] das Waschmittel die Fasern von Kleidung aufweicht.
C Eine Schülerin erfand einen Wasserfilter, [weil] sie etwas für die Umwelt tun wollte.

2 a A Das Mikroplastik landet, weil Kläranlagen es nicht filtern können, in unseren Meeren.
B Die Schülerin Leonie erfand, da sie Abhilfe schaffen wollte, einen besonderen Filter.
b A Weil Kläranlagen es nicht filtern können, landet das Mikroplastik in unseren Meeren.
B Die Schülerin Leonie erfand einen besonderen Filter, da sie Abhilfe schaffen wollte.

⊠ **3** *Mögliche Lösung:*
Eine Schülerin hat einen Filter für Mikroplastik erfunden, weil sie sich für Umweltschutz interessiert. Da sie über gute technische Kenntnisse verfügt, konnte sie das Gerät selbst zusammenbauen. Ein solcher Filter ist nützlich, weil unsere Gewässer stark belastet sind.

Temporalsätze verwenden

Seite 71

▷ **1** a, b Der 13-jährige Benjamin ärgerte sich, |als| er sein Longboard nicht in den Klassenraum mitnehmen durfte (GZ).
|Nachdem| er mit Freunden über das Problem gesprochen hatte (VZ), erfand er ein Longboard-Schloss.
Damit ist sein Board draußen sicher angeschlossen, |während| er im Unterricht sitzt (GZ).
|Bevor| er das Schloss bauen konnte (NZ), hatte er ziemlich lange daran herumgetüftelt.

⊠ **2** Während er das Schloss entwickelte, probierte der Schüler verschiedene Materialien aus. Bevor er es zum ersten Mal einsetzte, hatte er das Ergebnis seinen Freunden vorgestellt. Nachdem er es fertiggestellt hatte, konnte er sein Longboard vor der Schule anschließen. ·

⊠ **3** Der 13-jährige Benjamin löste ein Alltagsproblem, als er ein Schloss für sein Longboard erfand. An seiner Schule mussten Sportgeräte draußen bleiben, während die Schüler im Unterricht saßen. Benjamin entschied sich für den Bau eines Longboard-Schlosses, nachdem er verschiedene Lösungen geprüft hatte. Der Schüler begeisterte seine Mitschüler, als er seine Erfindung in der Schule vorstellte.

Relativsätze verwenden

Seite 72

1 a, b
Minispiel: Das ist ein kurzes Computerspiel, |das| in einem anderen Spiel enthalten ist.
E-Sportlerin: Das ist eine Frau, |die| das Computerspielen zu ihrem Beruf gemacht hat.
Highscore-Tabelle: Das ist eine Übersicht, |die| die besten Ergebnisse eines Spiels anzeigt.

2 *Mögliche Lösung:*
Eines der ersten Computerspiele war „OXO", das 1952 erfunden wurde. Dabei erschienen auf einem Spielfeld Zeichen, die die Spieler eingaben. 1958 begeisterte ein Amerikaner, der das Spiel „Tennis for Two" entwickelte, die Computerspielfans. Zu den Spielen, die heute weltweit verbreitet sind, gehört das Fußballspiel „FIFA".

⊕ **3** „OXO", das 1952 erfunden wurde, war eines der ersten Computerspiele.

Attribute in Relativsätze umwandeln

Seite 73

▷ **1** a, b Computerspiele, |die| abwechslungsreich und intelligent sind, helfen beim Lernen.
⌃
Lernspiele, |die| leicht verständlich und unterhaltsam sind, trainieren das Gedächtnis.
⌃

⊠ **2** *Folgende Nomen solltest du eingerahmt haben:* Spiele (Satz 2), Zeiten (Satz 3), Erfahrungsberichte (Satz 4).
Du solltest die Spielzeit, die du täglich am Computer verbringst, begrenzen. / Du solltest auf Spiele, die nicht für dein Alter angemessen sind, verzichten. / Du solltest Zeiten, die du an der frischen Luft verbringst, einplanen. / Du kannst die Erfahrungsberichte, die von Nutzern verfasst wurden, lesen.

⊠ **3** Du solltest auf Computerspiele, die brutal sind, verzichten. – Du solltest auf **brutale Computerspiele** verzichten.
Du solltest Freundschaften, die wichtig sind, nicht vernachlässigen. – Du solltest **wichtige Freundschaften** nicht [...].
Du solltest Lernspiele, die intelligent sind, bevorzugen. – Du solltest **intelligente Lernspiele** bevorzugen.
Achte nach Spielphasen, die lang sind, auf Bewegung.– Achte **nach langen Spielphasen** auf Bewegung.

☒ **4** a Der lustig über Hindernisse laufende Klempner begeisterte die Fans.

Mittlerweile zählen Computerspiele zu den weltweit am liebsten ausgeübten Freizeitbeschäftigungen.

Das Spiel „Super Mario", das überall auf der Welt erfolgreich ist, gehört zu den ersten Computerspielen.
Der Klempner, der lustig über Hindernisse läuft, begeisterte die Fans. Mittlerweile zählen Computerspiele
zu den Freizeitbeschäftigungen, die weltweit am liebsten ausgeübt werden.

b Abenteuerspiele, die kreativ sind, fördern dagegen die Fantasie und Strategiespiele, die knifflig sind, trainieren

das Gedächtnis. In der Schule sorgen Computerspiele, die intelligent sind, für Abwechslung.

Viele brutale Actionspiele werden kritisiert. Kreative Abenteuerspiele fördern dagegen die Fantasie und knifflige
Strategiespiele trainieren das Gedächtnis. In der Schule sorgen intelligente Computerspiele für Abwechslung.

Teste dich! – Adverbial- und Relativsätze

Seite 75

---

1 a, b, c, d
(für jede richtig ergänzte Konjunktion 1 Punkt, für jedes richtig gesetzte Komma 1 Punkt,
für jede richtig bestimmte Satzverknüpfung 1 Punkt, für die Bestimmung von Temporalsatz und Kausalsatz je 1 Punkt)
[...] vor über 50 Jahren erfunden (,) und sie wurde ein großer Erfolg (SR). Ein amerikanischer Ingenieur hatte eines
Tages eine Idee, als er sich auf dem Nachhauseweg befand (SG): Familien sollten etwas spielen, wenn sie abends
vor dem Fernseher saßen (SG), [...] schnell langweilig, weil es damals nur drei Programme gab (SG).

2 *(für jede richtige Satzverknüpfung 2 Punkte)*
A Ralph Baer entwickelte eine Spielkonsole, die er 1972 baute.
B Nach einem Jahr entstand das erste Gerät, das „Brown Box" hieß.

3 *(für das richtige Satzgefüge mit einem Relativsatz 2 Punkte)*
Die Töne und Bilder, die in heutigen Spielen üblich sind, gab es damals noch nicht.

Was kannst du schon? – Rechtschreibstrategien und -regeln

Seite 76

---

1 A ☺   B ☹   C ☺   D ☺

2 a   ☺   ☺   ☹   ☺   ☺   ☺   ☺
die Rekordzeit, der Klettergarten, gelb, sie fängt, der Schläger, der Rundlauf, die Bälle
b die Rekordzeit – die Rekorde, gelb – gelber, sie fängt – fangen, der Schläger – schlagen, der Rundlauf – die Runde,
die Bälle – der Ball

3 täglich (denn: Tag), freuen, nähert (denn: nah), hält (denn: halten), heutigen, träumt (denn: Traum),
Tänzer (denn: tanzen), Wettkämpfen (denn: Kampf)

4 die Kappe: **r**,   baden: **r**,   Kegel: **r**,   winken: **r**,   der Schliten: **f**,   schwimen: **f**,   reden: **r**,   klettern: **r**

5 Fußballer, vermissten, mitreisen – Wusstest, größte, fasst – heißen, nassen, Rasen

Seite 77

---

6 a der Sieger, schieben, zielen, die Ringe, windig, springen, die Hitze, wiegen
b Man schreibt die Wörter mit *ie,* wenn die erste Silbe **offen** ist.

7 die Fahne, die Schere, der Bohrer, der Flug, kehren, das Segel, zählen

8 *richtig:* B, C, D, E *falsch:* A, F

9 **a, b** der Wettlauf, das Fahrrad, die Sporthose, die Sportlerin, der Erfolg, das Stadion

10 das Hindernis, die Tapferkeit, die Gesundheit, die Umgebung

11 A Das Klettern ...   B Durch regelmäßiges Laufen ...   C Das Schönste ...

Rechtschreibstrategien anwenden

Wörter schwingen und verlängern

Seite 78

1 **a, b** *So lautet die richtige Schreibung der Wörter:*
das Geräteturnen → das Ge rä te tur nen, der Hindernislauf → der Hin der nis lauf,
die Schnorchelmaske → die Schnor chel mas ke, die Reiterstiefel → die Rei ter stie fel,
der Segelflieger → der Se gel flie ger, der Turnweltmeister → der Turn welt meis ter

2 die Freunde, baden / die Bäder, die Wände, die Strände, die Lieder, geduldig / sich gedulden

3 der Hel**d** – die Helden, der Mitta**g** – die Mittage, der Ty**p** – die Typen, der Zustan**d** – die Zustände,
der Vertra**g** – die Verträge, der Die**b** – die Diebe, die Vorschrif**t** – die Vorschriften, der Krie**g** – die Kriege,
der Erfo**lg** – die Erfolge, die No**t** – die Nöte, der Aufzu**g** – die Aufzüge, der Ko**rb** – die Körbe

+ **4** *Mögliche Lösung:*
Ein **Rad** ist der rollende Teil an einem Fahrzeug, z.B. einem Auto oder Fahrrad. Das „Rad" wird mit *d* geschrieben,
weil es zu „Räder" verlängert werden kann. Ein **Rat** ist eine Empfehlung oder eine Versammlung von beratenden
Menschen. Der „Rat" wird mit *t* geschrieben, weil es zu die „Räte" verlängert werden kann.
Ein **Bund** ist etwas, dass zu einem Bündel geschnürt wurde, z.B. ein Bund Blumen oder Petersilie. Das „Bund" wird
mit *d* geschrieben, weil es zu „Bunde" verlängert werden kann. **Bunt** bedeutet, dass etwas viele Farben hat. Das
Wort „bunt" wird mit *t* geschrieben, weil es zu „bunte" verlängert werden kann.

Einsilbige Verbformen verlängern

Seite 79

1 **a** sie schreibt, er schweigt, sie glaubt, er bringt, ihr tobt, ihr siegt, er blieb
b sie schreibt – schreiben, er schweigt – schweigen, sie glaubt – glauben, er bringt – bringen, ihr tobt – toben,
ihr siegt – siegen, er blieb – blieben

2

L	E	B	T	C	J	P	K	P	V
M	P	H	W	D	F	R	L	Ü	J
D	T	S	Z	G	R	Ö	E	M	X
J	R	H	D	P	A	G	B	X	I
A	Ä	R	Y	R	G	L	T	Y	L
H	G	G	R	L	T	W	K	H	R
L	T	R	C	T	I	E	X	S	A
R	A	Z	M	Z	E	I	G	T	U
Q	S	A	G	T	Z	N	P	T	B
N	U	S	T	A	U	B	T	M	T

fragt – fragen

trägt – tragen

lebt – leben

klebt – kleben

sagt – sagen

zeigt – zeigen

raubt – rauben

staubt – stauben

3 bleibt – bleiben, zeigt – zeigen, senkt – senken, treibst – treiben, lebst – leben, gibt – geben

⊕ **4** gesund – gesünder, regelmäßig – regelmäßiger

Wörter zerlegen und verlängern

Seite 80

1 a die Handschuhe, die Weltkarte, der Standpunkt, der Stabhochsprung, das Kalbfleisch, die Windräder, die Feldwege, die Brotscheibe, das Abendessen, der Schwertfisch, die Landwirtschaft, die Strandkörbe, der Diebstahl, die Schranktür, die Bergsteiger

b die Handschuhe – denn: die Hände, die Standpunkte – denn: die Stände, der Stabhochsprung – denn: die Stäbe, das Kalbfleisch – denn: die Kälber, die Windräder – denn: die Winde, die Feldwege – denn: die Felder, das Abendessen – denn: die Abende, die Landwirtschaft – denn: die Länder, die Strandkörbe – denn: die Strände, der Diebstahl – denn: die Diebe, die Bergsteiger – denn: die Berge

2 a Endspiel, Radsport, siegreich, Goldmedaille, Wildwasser

b das Endspiel – enden, das Ende; der Radsport – die Räder; siegreich – siegen / der Sieger; die Goldmedaillen – golden / goldig; das Wildwasser – wilder

3 der Waldläufer – die Wälder + der Flughafen – die Flüge; der Stabhochsprung – die Stäbe + der Sandkasten – die Sande; der Bergsteiger – die Berge + der Radschläger – die Räder; die Windstille – die Winde/windig + der Endspurt – das Ende

Ableiten – Wörter mit *ä* und *äu*

Seite 81

1 die Kräfte – die Kraft, die Kälte – kalt, der Lenker, das Rätsel – raten, der Schmerz, die Schnäbel – der Schnabel, die Härte – hart, der Jäger – die Jagd / jagen, die Wärme – warm

2 geträumt (der Traum), kämpften (der Kampf), zu Kräften (die Kraft), Verstärkung (stark), Änderung (anders), Läufer (das Laufen), quälten (die Qual), glänzen (der Glanz), Verlängerung (lang)

3 1. GERÄTE, 2. TÄNZER, 3. WETTKÄMPFER; 4. ENTTÄUSCHUNG, 5. STÄRKE, 6. LÄUFER; Lösungswort: RÄTSEL

Die Strategien anwenden

Seite 82

1 a Fa mi lie, Freun din nen, se hens wer te, er kun den

b ältere, Ausflug, Rädern, liebt, Radwege, Wälder, Städten, lässt, Rad, Nähe

2 Rad (Räder), hraubt (schrauben), Kind (Kinder), Geduld (geduldig), Laufräder (Rad), übt (üben), Gleichgewicht, stärkt (stark), Pedalen, Grundschule (Gründe)

⊠ **3** **a, b** *Mögliche Lösungen:*

Verlängern ⤻	Ableiten ⬙	Zerlegen + Verlängern ⬙ ⤻
gesund – gesünder	längere – lang	Rad|fahren / der Rennrad|fahrer – die Räder
kräftig – kräftige	kräftig – die Kraft	die Staub|wolke – stauben, staubig
der Erfolg – die Erfolge	herläuft – herlaufen	die Schad|stoffe – der Schaden
	Städten – die Stadt	der Rad|verkehr – die Räder

b Lärm

Teste dich! – Die Strategien anwenden

Seite 83

1 **a, b** die Welt meis **t**er schaft, der Rück wärts **s**al to, das Schlit ten ren **n**en, die Ex trem sport ar **t**en

2 **a, b, c**
glauben   *die Hände*
Die Spielleiterin **glau**p/**bt,** in der Nachspielzeit ein Handspiel gesehen zu haben.
                sieben   *sandig*
Für das Training im Weitsprung **sie**p/**bt** der Hausmeister den Dreck aus der Sandgrube.
        windig   *fliegen*
Durch einen Windstoß **flie**k/**gt** der Federball ins Aus.

3 **a** die Feden, lecherlich, die Werme, die Schleuche, die Reume, der Wettkempfer, die Sterke, gefehrlich
b die Fäden – der Faden, lächerlich – das Lachen, die Wärme – warm, die Schläuche – der Schlauch,
die Räume – der Raum, der Wettkämpfer – der Kampf, die Stärke – stark, gefährlich – die Gefahr

Rechtschreibregeln anwenden

Doppelkonsonanten

Seite 84

1

zwei unterschiedliche Konsonanten	Doppelkonsonanten
fal ten, tan zen, das Plas tik, die Wol ke, war ten	stop pen, schwim men, fal len, bit ten, der Fül ler, die Trep pe

2 **a, b**

T	A	N	N	E	P	C	V	L	W	L
D	M	O	V	P	E	R	S	O	N	Ü
K	J	S	L	H	X	R	L	L	S	Q
A	W	P	F	E	F	F	E	R	L	U
S	U	W	A	M	R	D	Ü	Y	P	E
T	N	S	M	B	Z	E	T	T	E	L
E	D	W	P	Q	L	Ö	F	F	E	L
N	E	R	E	R	P	M	S	N	L	E
W	C	E	L	H	N	F	N	E	V	W

die Tanne
die Person
der Kasten
der Pfeffer
die Quelle/die Elle
die Elle
der Zettel
der Löffel
die Wunde
die Ampel

3 Pollen – Polen, Rasen – Rassen, Hüte – Hütte, Quallen – Qualen

Seite 85

⊠ **4** das Brennholz – denn: brennen, der Pfannkuchen – denn: die Pfanne, die Rollschuhe – denn: rollen,
das Flussufer – denn: die Flüsse, die Bettdecke – denn: die Betten, der Rennwagen – denn: rennen

☒ **5** **mm/m?** er sammelt – denn: <u>wir sammeln</u>, sie bremst – denn: <u>wir bremsen</u>

ff/f? sie ruft – denn: <u>wir rufen</u>, sie hofft – denn: <u>wir hoffen</u>

nn/n? er nennt – denn: <u>wir nennen</u>, er findet – denn: <u>wir finden</u>

☒ **6** a *Der Text enthält die folgenden Fehlerwörter:*

(Fehlerwörter sind grau markiert, die Fehlerstelle schwarz ist hervorgehoben):

Die Schüleri**n**en (Z. 1), eine Gru**p**e (Z. 2), in der Sportha**l**e (Z. 4), den Ba**l** (Z. 4), viele Ma**t**en (Z. 5), Man ka**n** (Z. 5), weiterre**n**en (Z. 6), Die Fänger kö**n**en …, (Z. 7), den Ba**l** (Z. 7), unter Kontro**l**e bringen (Z. 8), ihrem „Bre**n**er" (Z. 8), auf einer Ma**t**e (Z. 9), „verbre**n**t" (Z. 9), den Kasten tri**f**t (Z. 10), mu**s** das Spiel (Z. 10), abgepfi**f**en werden (Z. 10), ihre Ro**l**en (Z. 11), Punktzahl ko**m**t (Z. 12)

Korrigierte Schreibung: Schüleri**nn**en, Gru**pp**e, Sportha**ll**e, Ba**ll**, Ma**tt**en, ka**nn,** weiterre**nn**en, kö**nn**en, Ba**ll**, Kontro**ll**e, Bre**nn**er, Ma**tt**e, verbre**nn**t, tri**ff**t, mu**ss**, abgepfi**ff**en, Ro**ll**en, ko**mm**t

b **Schwingen:** die Schülerinnen, die Gruppe, die Sporthalle, die Matten, weiterrennen, können, die Kontrolle, der Brenner, die Matte, abgepfiffen, die Rollen

Verlängern: der Ball – die Bälle, kann – können, der Ball – die Bälle, verbrennt – verbrennen, trifft – treffen, muss – müssen, kommt – kommen

c Das gesuchte Sportspiel heißt **Brennball.**

s oder *ß*? – Stimmhaft oder stimmlos

Seite 86

1 die Rei<u>s</u>e, bei<u>ß</u>en, der Be<u>s</u>en, die Stra<u>ß</u>e, ra<u>s</u>en, schie<u>ß</u>en, der Ha<u>s</u>e, die Do<u>s</u>e, sau<u>s</u>en, schlie<u>ß</u>en, die So<u>ß</u>e, die Glä<u>s</u>er

2 a 1 das Gleis – 2 die Laus – 3 der Preis – 4 das Gras – 5 der Strauß – 6 das Floß – 7 der Fuß

b
erste Silbe offen – summender *s*-Laut	erste Silbe offen – zischender *ß*-Laut
die Gräser, die Gleise, die Läuse, die Preise	die Flöße, die Füße, die Strauße

3 a reist – reisen, reißt – reißen

b Der Turner <u>reist</u> gut trainiert zu den Olympischen Spielen. Die Athletin <u>reißt</u> die Beine in die Höhe und …

ss oder *ß*?

Seite 87

1 stößt – denn: <u>stoßen</u>, misst – denn: <u>messen</u>, heißt – denn: <u>heißen</u>, gießt – denn: <u>gießen</u>, schießt – denn: <u>schießen</u>, isst – denn: <u>essen</u>

2 a

F	T	S	C	H	U	S	S
L	I	N	B	C	M	A	ß
U	Y	R	E	I	ß	E	N
S	L	Ü	M	K	C	B	O
S	S	M	E	S	S	E	N
Z	P	Ü	H	I	B	M	T
T	F	L	I	E	ß	E	N
H	R	I	S	S	X	L	Q
S	C	H	I	E	ß	E	N

Infinitiv	Nomen
schießen	der Schuss – denn: die Schüsse
messen	das Maß – denn: die Maße
fließen	der Fluss – denn: die Flüsse
reißen	der Riss – denn: die Risse

b *Mögliche Lösung:*

Die Bäche <u>fließen</u> in den <u>Fluss</u>. Die Sportler <u>schießen</u> auf eine Zielscheibe, bis ein <u>Schuss</u> die Mitte trifft. Die Tischlerinnen <u>messen</u> die Fläche, um das richtige <u>Maß</u> zu erhalten. Die Nägel <u>reißen</u> einen <u>Riss</u> in den Reifen.

3 das Maß I band – denn: die Maße, die Schuss I waffe – denn: die Schüsse, der Fuß I gänger – denn: die Füße, der Spaß I macher – denn: die Späße, der Ess I tisch – denn: essen, die Gruß I karte – denn: die Grüße /grüßen, der Nuss I kuchen – denn: die Nüsse, das Schluss I licht – denn: die Schlüssel, der Reiß I verschluss – denn: reißen

Die Schreibung der s-Laute – s, ss oder ß?

Seite 88

1 fressen, die Vase, genießen, vergessen, die Bluse, rasen, das Wasser, die Schlüssel, der Pinsel, die Adresse, das Kissen, die Wiese, die Tasse, die Ameise

2 der Kuss – denn: die Küsse, das Schloss – denn: die Schlösser, der Pass – denn: die Pässe, das Gras – denn: die Gräser, der Biss – denn: die Bisse, der Spieß – denn: die Spieße

3 a *Die Fehlerstellen sind hervorgehoben:*
faßen, Schus, Kassten, **Fuss**baller, schie**ss**t, schmei**s**t, Abschlu**s**, Gro**s**er, genie**ss**t, kla**s**e
b **Schwingen** ☺ : fassen, der Kasten, großer, klasse; **Verlängern** ☺ : der Schuss – denn: die Schüsse, schießt – denn: schießen, schmeißt – denn: schmeißen, der Abschluss – denn: die Abschlüsse, genießt – denn: genießen;
Zerlegen + Verlängern ☺ ☺ : Fußballer – denn: die Füße

4 a *Mögliche Lösung:*
Nomen mit der Endung *-nis* werden im Singular immer nur mit *s* geschrieben, z. B.: *das Ergebnis,* obwohl der Plural mit *ss* gebildet wird, z. B.: *die Ergebnisse.* Normalerweise würde man den Singular auch mit *ss* schreiben, wenn die Pluralform mit *ss* gebildet wird (z. B. *das Fass – die Fässer, nass – nasser).* Die Schreibweise der Endung *-nis* ist also eine Ausnahme, die man sich merken muss.
b eu Z n i g s = das Zeugnis, die Zeugnisse; m n i s G h e ei = das Geheimnis, die Geheimnisse;
g e E r b n i s = das Ergebnis, die Ergebnisse; n i s V e r h ä l t = das Verhältnis, die Verhältnisse

5 *Mögliche Lösung:*
die Erkenntnis – die Erkenntnisse, die Kenntnis – die Kenntnisse, das Wagnis – die Wagnisse

Wörter mit *i* oder *ie*

Seite 89

1 a, b Sie ben Rie sen spie len Ball und lie gen danach auf der Wie se. Zwei wil de Kin der rin gen auf dem Boden. Win ken de Spie ler sin gen nach dem Spiel schie fe Lie der. Auf allen vie ren krie chen lis ti ge Segler von dem sin ken den Schiff.

c, d

Wörter mit *ie*	Wörter mit *i*	
sie ben, Riesen, spielen, liegen, die Wiese, die Spieler, schiefe, die Lieder, vieren, kriechen, das Spiel – die Spiele	Wilde, die Kinder, ringen, winkende, singen, listige, sinkenden, das Schiff – die Schiffe	Verlängern musst du die Wörter *Spiel* und *Schiff.*

2 liebt – lie ben, fließt – flie ßen, zielt – zie len, biegt – bie gen, singt – sin gen, springt – sprin gen, grinst – grin sen, ringt – rin gen

3 Das Schiff legt im Hafen an. Das ist nicht gerade, das ist schief. – Stell die Blume in die Mitte des Tisches! Die Miete für die Wohnung ist hoch. – Auf den saftigen Wiesen stehen Kühe. Wir wissen wenig über das All.

Der *i*-Laut in Fremdwörtern

Seite 90

1

D	L	X	A	P	F	E	L	S	I	N	E	X
M	A	S	C	H	I	N	E	G	K	C	J	T
L	Y	H	T	H	Ö	A	Z	F	R	R	N	F
P	M	A	N	D	A	R	I	N	E	M	Ü	A
R	N	R	R	Z	X	D	P	P	A	E	I	N
A	S	M	S	R	P	M	A	G	T	L	R	T
L	N	O	J	O	M	L	S	L	I	O	Y	A
I	Q	N	C	E	T	S	S	Z	V	D	U	S
N	A	I	V	B	S	M	I	C	W	I	G	I
E	R	E	V	M	A	E	V	J	N	E	P	E

Wörter mit *-ine*	Wörter mit *-ie*	Wörter mit *-iv*
die Apfelsine	die Fantasie	kreativ
die Maschine	die Melodie	naiv
die Praline	die Harmonie	passiv
die Mandarine		

2 **trainiert** (übt), **probiert** (versucht), **amüsiert sich** (hat Spaß), **reparieren** (flicken), **applaudieren** (klatschen Beifall), **gratuliert** (beglückwünscht).

➕ **3** *Mögliche Lösung:*
-ine: die Violine, die Margarine, die Kabine, die Kusine, die Gardine, die Lawine, die Ruine;
-ie: die Magie, das Genie, die Theorie; **-ieren:** fotografieren, spazieren, radieren, markieren, telefonieren

Wörter mit Dehnungs-*h*

Seite 91

1 a, b Wörter mit hörbarem *h*: hoher, stehen, gehen; Merkwörter: fahren, dehnen, Bühne, rühren, nehmen

2 a, b Ⓜ ↪ Ⓜ Ⓜ Ⓜ Ⓜ Ⓜ Ⓜ Ⓜ Ⓜ ↪ Ⓜ
der Föhn, das Reh, er kehrt, das Ohr, lahm, sie fehlt, das Huhn, er erzählt, das Rohr, ohne, die Kuh, sie fühlt,
↪
er geht

3 a, b

F	L	K	R	L	F	R	Ü	H	R	E	N
A	R	Ü	H	R	G	E	R	Ä	T	P	X
H	R	H	T	O	V	I	P	L	R	Y	Ö
R	M	L	M	N	R	Ü	H	R	E	I	T
R	T	E	F	A	H	R	E	N	Y	G	N
A	H	N	O	X	M	A	Q	H	J	W	S
D	S	J	A	B	K	Ü	H	L	U	N	G
L	F	A	H	R	T	K	O	S	T	E	N
K	Ü	H	L	S	C	H	R	A	N	K	F

b „rühr": rühren, das Rührei, das Rührgerät
„kühl": kühlen, die Abkühlung, der Kühlschrank
„fahr": fahren, das Fahrrad, die Fahrtkosten

➕ **4** *Mögliche Lösungen:*
„rühr": die Berührung, verrühren, gerührt, der Rührstab, umrühren, der Rührlöffel, rührend, die Rührung
„kühl": eisgekühlt, Tiefkühlschrank, gekühlt, das Kühlfach, die Kühlung, abgekühlt
„fahr": Auffahrt, erfahren, das Fahrzeug, der Fahrgast, die Fahrschule, wegfahren, die Rückfahrt

Die Rechtschreibregeln anwenden

Seite 92

1 Doppelkonsonanten schreibt man, wenn die erste Silbe **geschlossen** ist.

2 *zwei unterschiedliche Konsonanten*: wandern, fangen, werfen, springen; *Doppelkonsonanten*: paddeln, rennen, robben, joggen; *offene erste Silbe*: rudern, rodeln

3 musste, groß, Begrüßung, draußen, Straße, Wiese, müssen, fleißig, Spaß

4 flitzen, bestimmten, markiert, gewinnt, zufrieden, finden, witzig, wiederholen, verdient

5 der Stuhl, die Bahn, die Sahne, der Zahn

Die Groß- und Kleinschreibung

Nomen erkennen und großschreiben

Seite 93

1 **a, b** das Sportfest, die Ziellinie, die Sprunggrube, der Lederball, der Durstlöscher, die Siegerurkunde
   c Den Artikel eines zusammengesetzten Nomens bestimmt das **Nomen am Ende.**

2 **a, b** Nomen, Artikel, Adjektive, Zahlwörter
   Nächsten Freitag findet das große Fußballturnier der siebten Klassen statt. Alle Schülerinnen und Schüler sind schon aufgeregt und freuen sich auf spannende Spiele. Die Klasse 7c hofft, dass sie wie letztes Mal den goldenen Pokal gewinnen kann. Vor einem Jahr gewann sie das Turnier mit einem knappen Sieg gegen die Klasse 6a. Viele Klassen haben sich über mehrere Wochen in anstrengenden Sportstunden auf den Wettkampf vorbereitet.

3 **a, b** Der Tag des großen Turniers war gekommen. Alle Zuschauer warteten darauf, dass Frau Avci das Spiel [...]. Den Anstoß machte [...]. Sie passte den Ball an zwei Gegnern vorbei, durch einen kraftvollen Schuss das erste Tor erzielte. Lauter Jubel brach auf den Rängen aus. Doch die Mannschaft der 7b ließ sich nicht aus der Ruhe bringen und griff direkt wieder an. Mike dribbelte den Ball an der Abwehr vorbei [...]. Aus kurzer Distanz zielte diese [...].

✚ 4 *Mögliche Lösung:*
   Einige Zuschauer stießen laute Pfiffe aus. Die Spielerinnen machten freudige Luftsprünge.

Nomen erkennen – Auf Nachsilben achten

Seite 94

1 **a, b** das Ereignis, die Enttäuschung, die Tapferkeit, das Erlebnis, die Erholung, die Warnung, die Fröhlichkeit, die Seltenheit, die Freundschaft, der Reichtum, die Ordnung
   (*Es bleiben übrig*: bald, plötzlich, neu, würdig.)

2 **a** die Teamfähigkeit, die Enttäuschung, die Sportlichkeit
   b die Abwechslung, die Bekanntschaft, das Ergebnis, die Hindernisse. die Vorstellungen, die Haltung

3 der Irrtum, die Aufmerksamkeit, die Freundlichkeit, die Wissenschaft, die Überlegenheit / die Überlegung, die Leistung, die Umgebung, das Geheimnis, das Wagnis

✚ 4 *Mögliche Lösung:*
   das Ergebnis, die Neuigkeit, die Wildnis, die Mehrheit, die Landschaft, der Irrtum, die Beratung

Nominalisierungen richtig schreiben

Seite 95

1 etwas **Ungewöhnliches** – **schnell** – Beim **Fallen** – zu **spielen** – ins **Rutschen** – Das **Gute** war – Das **Spielen** – dem **matschigen** Untergrund – nach dem **starken** Regen – eine **große** Herausforderung

2 *Mögliche Lösung:*
viel Neues, beim Fangen, alles Gute, genug Erstaunliches, nichts Motivierendes, etwas Ängstliches, wenig Anstrengendes, das Zielen, zum Laufen, beim Abspielen

+ 3 *Mögliche Lösung:*
Meine Lieblingssportart ist Federfußball. Beim Trainieren mit meinen Freunden habe ich viel Spaß. Im Allgemeinen kennt man Federball als ein Spiel mit Schlägern. Das Ungewöhnliche an meiner Sportart ist, dass man den Federball mit dem Fuß über ein Netz spielen muss. Das Beste an der Sportart ist, dass sie im Team gespielt wird.

Seite 96

4 a, b Artikel + Verb/ Adjektiv:
das Tanzen, das Beste, das Bauen, den Kleinsten
Adjektiv + Verb:
(das) gemeinsame Spielen, regelmäßiges Trainieren, (das) häufige Wechseln

5 *Mögliche Lösungen:*
Im Schwimmbecken kann man auch das Tauchen üben. Das Rutschen ins kühle Nass macht allen Kindern Freude. Nach dem Sonnen auf der Wiese kann man sich im Wasser abkühlen. Das Abenteuerliche am Freibad sind die Rutschen. Bei einem Freibadbesuch passiert meistens viel Lustiges.

6 B Das Springen in das kühle Wasser macht Spaß.
C Das Tauchen in einem kalten See tut bei heißem Wetter gut.
D Die Kinder genießen das Toben im Wasser und das Spielen mit ihren Freunden.

Teste dich! – Groß- und Kleinschreibung

Seite 97

1 das Geheimnis, die Beobachtung, die Einsamkeit, das Wachstum, die Gesundheit, die Erbschaft

2 a, b *Mögliche Lösungen:*
Habt ihr schon einmal **V**olleyball gespielt? Das ist ein schneller **T**eamsport, der Menschen auf der ganzen Welt begeistert und auch bei internationalen Spielen ausgeübt wird. Auf einem durch ein **N**etz getrennten Spielfeld stehen sich zwei Mannschaften gegenüber. In jedem Team gibt es sechs **S**pieler. [...], wenn der Schiedsrichter mit einem lauten **P**fiff das **S**piel freigibt. Eine Mannschaft siegt, wenn sie drei Sätze gewinnt. Die **T**eams erhalten **P**unkte, wenn der Ball den Boden des gegnerischen Feldes berührt oder wenn Spieler einen **F**ehler machen.

c *Mögliche Lösungen:*
Volleyball – *denn:* der/das Volleyball (abwechslungsreiches Volleyball); Punkte – *denn:* die Punkte (zehn Punkte)

3 Das Beste, Das gemeinsame Spielen, beim Trainieren, das Verlieren, zum Spielen, das Größte, nichts Ungewöhnliches, Das Wichtigste

Getrennt- und Zusammenschreibung

Zusammenschreibung

Seite 98

1 *Mögliche Lösungen:*
die Mannschaftskabine, der Mannschaftsabend, der Siegerpokal, der Fußball, die Spielleidenschaft, das Fantrikot, das Spielfeld, der Tennisschläger, der Tennisball, die Handschuhe, die Torwartschuhe, das Fußballstadion, …

2 a hochzufrieden – bitterkalt – dunkelgelb – tieftraurig
b Der Dezembertag war **bitterkalt** …, **Tieftraurig** war ich …, den **dunkelgelben** Lederball …, **Hochzufrieden** ging ich …

3 *Mögliche Lösungen:*
Alle Spieler sollten nacheinander in das Stadion einlaufen. Niemand durfte ohne die Erlaubnis des Trainers loslaufen. Nur die Einlaufkinder durften herumspringen. Der Torwart musste den Ball wegschießen.

⊕ 4 *Mögliche Lösungen:*
einbilden, einbringen, einspielen, einnehmen, einladen; wegrennen, weglaufen, wegdrehen, wegbringen, wegtragen

Wörter zusammenschreiben

Seite 99

1
2

Nomen + Nomen		Nomen + Adjektiv	Adjektiv + Adjektiv	unveränderliches Wort + Verb
a Freitagmorgen	Trampolinhalle	lebensgefährlich(en)	hochmotiviert(en)	vor(ge)lesen
Sportunterricht	Schwierigkeitsgrade	hundemüde	dunkelrot	losspringen
Sportlehrkräfte(n)	Umkleidekabine		nahegelegen	umziehen (umgezogen)

b **Sportskanone**/~~Sports Kanone~~, ~~Riesen großen~~/**riesengroßen:** Die beiden Wörter müssen zusammengeschrieben werden, da es sich um eine Zusammensetzung aus zwei Nomen und eine Zusammensetzung aus einem Nomen und einem Adjektiv handelt.

3 a *Falsche Schreibungen im Text:*
los hüpfen (Z. 2), Trainings Einheit (Z. 3), Spiel Gerät (Z. 3), Fitness Gerät (Z. 4), Sport Interessierte (Z. 4–5), Stress Abbaus (Z. 6), Sport Mediziner (Z. 6), Gelenk schonend (Z. 6), vor bereitet (Z. 7), ein steigt (Z. 7)
b loshüpfen, die Trainingseinheit, das Spielgerät, das Fitnessgerät, der Sportinteressierte, der Stressabbau, der Sportmediziner, gelenkschonend, vorbereitet, einsteigt

Getrenntschreibung

Seite 100

1 a

F	E	H	T	F	D	T	O	R	E	Q	ß	S
E	H	S	S	F	P	I	N	V	M	N	D	C
D	T	T	R	A	I	N	I	E	R	E	N	H
E	A	X	Y	H	V	R	E	L	K	M	L	W
R	C	ß	C	R	R	Y	M	L	L	B	V	I
B	S	T	R	R	S	F	A	H	R	E	N	M
A	P	P	X	A	C	R	Q	Y	J	N	A	M
L	I	G	F	D	X	W	R	Z	I	K	L	E
L	E	Z	R	P	I	S	L	E	R	N	E	N
F	L	Y	Q	X	J	T	G	D	K	I	G	C
E	E	K	S	C	H	I	E	ß	E	N	Q	A
N	N	Y	U	N	Y	C	X	G	E	H	E	N

b Federball spielen
Fahrrad fahren
trainieren gehen
schwimmen lernen
Tore schießen

2 1 Ich habe das **Skateboardfahren** schnell gelernt. Am Wochenende gehe ich **Skateboard + fahren.**

2 Willst du morgen mit uns **Hockey + spielen?** Beim **Hockeyspielen** können wir uns richtig auspowern.

3 Auf dem Trampolin kann ich ziemlich **hoch springen.** Beim **Hochspringen** habe ich eine Latte gerissen.

Wörter getrennt schreiben

Seite 101

1

Nomen + Verb	Verb + Verb	Adjektiv + Verb	Verbindungen mit „sein"
Tischtennis spielen, Sport machen	schwimmen gehen	gut werfen, schnell rennen	zurück sein, zusammen sein, erschöpft sein

2 regelmäßig trainieren – motiviert sein – Kraft haben – Muskeln aufbauen – müde ist

3 a A Alex|und|lisa|trainieren|fleißig|für|das|sportfest|in|der|nächsten|woche.

B Da|sie|regelmäßig|sport|treiben,sind|sie|bereits|gut|vorbereitet.

C Selbst|das|weitspringen|macht|ihnen|keine|Sorgen,|weil|sie|dies|im|sportunterricht|statt häufig|geübt|haben.

b A Alex und Lisa trainieren fleißig für das Sportfest in der nächsten Woche.

B Da sie regelmäßig Sport treiben, sind sie bereits gut vorbereitet.

C Selbst das Weitspringen macht ihnen keine Sorgen, weil sie dies im Sportunterricht oft geübt haben.

4 Eine Verbindung aus Adjektiv *(weit)* und Verb *(springen)* schreibt man normalerweise getrennt. *Weitspringen* schreibt man hier zusammen, da es sich um eine Nominalisierung handelt.

Teste dich! – Getrennt- und Zusammenschreibung

Seite 102

1 *richtig:* B, C, D, F *falsch:* A, E

2 a *zusammengesetzte Nomen:* Sportgerät, Kunststoff, Freizeitsport, Sportspiel, Fußballfeldes

Verbindungen aus Nomen und Adjektiven: scheibenförmiges, brandaktuelles, blitzschnelles, federleichte, pfeilschnell

b, c Man schreibt „gegenüberstehen" zusammen, weil es sich um eine Verbindung aus einem unveränderlichen Wort und einem Verb handelt. Man schreibt „Flugscheibe" zusammen, weil es eine Verbindung aus zwei Nomen ist.

3 sternförmigen Schritt, frei bewegen, haarscharf, auswechseln, Sportart, auskommt

Die Zeichensetzung

Das Komma bei Aufzählungen

Seite 103

1 a, b

A Beliebte Ballsportarten in Deutschland sind Fußball, Tennis, Handball, Basketball, Volleyball. (5)

B Sie werden von einer Person, im Doppel, aber auch im Team gespielt. (3)

C Trainiert wird auf dem Sportplatz, in Sporthallen, im Park oder am Strand. (4)

D Die meisten Sportvereine bieten ein Training für Frauen, Männer sowie für Jugendliche an. (3)

c Satz A: Hier werden fünf Wörter aufgezählt, deshalb muss zwischen ihnen ~~kein~~/**ein** Komma stehen.

Satz B: Vor *aber* ~~kann~~/**muss** ein Komma stehen.

Satz C: Bei Aufzählungen steht vor *oder* ~~ein~~/**kein** Komma.

Satz D: Vor der dritten Aufzählung steht die Konjunktion *sowie;* vor dieser **darf kein** / ~~muss ein~~ Komma gesetzt werden.

2 [...] Gespielt wird in Proficlubs, in Hobbyvereinen oder auf dem Bolzplatz. Fußball wird von Männern, Frauen, Jugendlichen und Kindern gespielt. Die Nationalmannschaften der Männer, aber auch der Frauen feierten schon viele Siege. Fußballexperten kennen die Begriffe Abseits, Elfmeter, Eigentor, Libero, Stürmer sowie Strafstoß.

⊕ 3 „[...] Das Tor gelang durch schnelles, geschicktes, ideenreiches Spiel: Die Torwartin schlug den Ball weit nach vorne, Brand köpfte ihn zu Dongus, diese flankte auf rechts. Dort lief Nüsken sich frei, sie schoss in den Strafraum, Schüller nahm an und verwandelte ihn zum 1:0. [...]"

Das Komma bei Satzreihen

Seite 104

1 A Peteca ist ein Spielgerät**(,) und** so heißt auch eine Sportart in Brasilien.
B Das Wort Peteca kennt man bei uns kaum, **denn** das Spielgerät ist hier als Indiaca bekannt.
C Bei uns spielt man es ohne Regeln in der Freizeit**(,) oder** man betreibt es als Mannschaftssportart.

2 Bei uns wird [...] gespielt wie in Brasilien, **aber** dort ist es [...]. Seit [...] in Vereinen organisiert, **denn** es wurde immer beliebter. Das ist jetzt schon 50 Jahre her, **doch** das Spiel [...]: Unten befindet sich ein [...] Lederbeutel**(,) und** oben ragen [...]. Man schlägt mit der flachen Hand auf den Beutel**(,) und** los geht das Spiel. Jugendliche spielen in Hobbymannschaften**(,) oder** sie trainieren [...] Die Regeln sind ähnlich wie beim Volleyball, **denn** es wird [...] Man kann das Spiel [...] wie beim Fußball spielen, **doch** eine Halbzeit dauert beim Peteca nur zehn Minuten.

⊕ 3 *Mögliche Lösung:*
Lisa macht einen Aufschlag, **aber** Tom schlägt nicht direkt zurück, **denn** er passt hoch zu Maik**(,) und** dieser schmettert.

Das Komma bei Satzgefügen

Seite 105

1 a, b, c, d
A **Als/Weil** 2020 das Sporttraining für alle ausfiel, machten viele Jugendliche zu Hause Sport. (**v**)
B Man setzte sich, **wenn** man eines besaß, zum Beispiel auf das Heimfahrrad. (**z**)
C Manche Schüler schwitzen vor dem Computer, **wenn/weil** sie Online-Sportunterricht hatten. (**n**)

2 (Konjunktionen, Relativpronomen)
1 Die Zwillinge [...] zu Hause, obwohl es draußen sonnig war. 2 Da ein kalter Wind wehte, hielten sich [...] 3 Als die Sonne herauskam, gingen sie [...]. 4 Mit einem Buch setzten sich die Mädchen, *die* gerne lesen, in die Sonne. 5 Als sie gerade saßen, hörten sie Musik. 6 Unten [...] eine junge Frau, *welche* Tanzübungen zur Musik machte. 7 Die Frau forderte die Nachbarn [...] auf, dass sie mitmachen sollten. 8 Weil sie die Idee toll fanden, tanzten [...]. 9 Am nächsten Tag erzählten sie davon ihren Freundinnen, *die* begeistert waren.

3 Nebensatz ...**vor** dem Hauptsatz: 2, 3, 5, 8; **zwischen** dem Hauptsatz: 4; **nach** dem Hauptsatz: 1, 6, 7, 9

⊕ 4 Rica und Tabea tanzten, weil sie die Idee toll fanden, sofort mit.
Rica und Tabea tanzten sofort mit, weil sie die Idee toll fanden.

Das Komma vor *das* und *dass*

Seite 106

1 a, b [...], **dass (K)** wir mit der Klasse schwimmen gehen. [...], **dass (K)** das große Freizeitbad das beste sei. [...], **das (R)** wir alle kennen, [...]. [...] **dass (K)** wir morgen darüber abstimmen. [...], **das (R)** ich neu bekommen habe. [...], **dass (K)** das allen Spaß machen wird.

2 **a, b** (Nebensatz mit Konjunktionen, Nebensatz mit Relativpronomen)
   – Ist es wichtig, dass man beim Sporttreiben viel Wasser trinkt?
   – Ist Wasser, das viele Mineralien enthält, besser?
   – Stimmt es, dass man vor dem Sport viele Kohlenhydrate essen soll?
   – Ist Wasser, das ich im Supermarkt kaufe, besser als Leitungswasser?
   – Glaubst du eigentlich, dass Sport glücklich macht?
   – Ist es in Ordnung, dass ich vor dem Schwimmen eine große Portion Pommes esse?

3 *Mögliche Lösungen:*
4 – Ich habe gelesen, dass man beim Sporttreiben viel Wasser trinken soll.
   – Ich glaube, dass man vor dem Sport nicht zu viele Kohlenhydrate essen sollte.
   – Ich denke, dass es absolut in Ordnung ist, nach dem Schwimmen eine große Portion Pommes zu essen.

Teste dich! – Zeichensetzung

Seite 107

1 A – falsch, B – falsch, C – richtig, D – richtig, E – richtig

2 A ..., aber (SR)   B Damit ..., (SG)   C ..., wenn (SG)   D ... (,) und (SR)

3 Es gibt [...] Sportarten, die noch nicht so bekannt sind: Beim **Jumping Fitness** braucht man ein [...] Trampolin, denn man macht darauf Übungen. Für Menschen, die Rücken- oder Gelenkprobleme haben, eignet sich dieses [...] besonders. Trampolinspringen trainiert [...] alle Muskeln, das Herz, die inneren Organe, den Stoffwechsel und das Kreislaufsystem. **Cross-Golfer** brauchen keinen glatten, gepflegten, sauberen und grünen Rasen, denn sie spielen an dem Platz, der ihnen gerade passt: Das Ziel dabei kann eine Mülltonne, ein Baum, eine Zaunlatte sein. Allerdings muss man aufpassen, dass man niemanden verletzt, da der Golfball eine Person treffen kann, die plötzlich auftaucht.

Lernstandstest

Test A – Einen Sachtext lesen und verstehen

Seite 109

1 C In dem Text geht es um die Entwicklung, die Funktion und den Nutzen von Ampelanlagen.

2 A – 2, B – 1, C – 6, D – 5, E – 4, F – 3

3 *richtig:* Aussagen A, E, F *falsch:* Aussagen: B, C, D

4 A (drei Farben einer Ampel) – Abschnitt 1, B (Ampelpärchen) – Abschnitt 4, C (Fußgängerampel) – Abschnitt 3

5 A – Abschnitt 4, B – Abschnitt 2, C – Abschnitt 3, D – Abschnitt 1

6 *Mögliche Lösung:*
Ampeln sind wichtig, um den Straßenverkehr zu regeln. Ohne eine Ampel käme es auf viel befahrenen Straßen leichter zu Unfällen. Dank Fußgängerampeln können Fußgänger auch Straßen mit viel Verkehr sicher überqueren.

☹ 25–23 Punkte	😐 22–12 Punkte	☹ 11–0 Punkte
Super! Du liegst beim Lesen von Sachtexten im guten bis sehr guten Bereich.	**Das Lesen von Sachtexten gelingt dir schon ganz gut, manches musst du aber noch üben.** Prüfe, welche Bereiche dies sind.	**Du solltest das Lesen von Sachtexten noch einmal gründlich üben.** Überlege gemeinsam mit deiner Lehrerin oder deinem Lehrer, wie du vorgehen kannst, um dich zu verbessern.

Test B – Einen Informationstext verfassen

Seite 110

1　a *Individuelle Lösung*

　b *Mögliche Lösung:*

(Einleitung) Viele Schülerinnen und Schüler kommen täglich mit dem Fahrrad zur Schule. Das macht Spaß und man ist von den Fahrplänen der Schulbusse unabhängig.

(Hauptteil) Doch um sicher anzukommen, ist es notwendig, die wichtigsten Verkehrszeichen für Radfahrer zu kennen. Die Form und Farbe der Verkehrsschilder geben bereits den ersten Hinweis auf ihre Bedeutung. Runde Schilder mit einem blauen Hintergrund geben an, was man darf. Zum Beispiel zeigt ein rundes, blaues Schild mit einem Fahrrad an, dass es sich um einen Radweg handelt. Hier dürfen nur Fahrräder fahren. Wenn auf dem Schild auch noch Fußgänger abgebildet sind, weiß man, dass man sich den Weg mit Fußgängern teilen muss. Manchmal muss man dann auch absteigen und das Fahrrad schieben. Rote Schilder sind immer Verbotszeichen, die die Verkehrsteilnehmer vor Gefahren bewahren sollen. Ein rundes Schild mit einem roten Rand zeigt an, dass die Durchfahrt hier verboten ist. Ist die Durchfahrt für Autos verboten, aber für Fahrradfahrer erlaubt, wird das durch ein zusätzliches Schild angezeigt. Es gibt aber auch Fahrradstraßen, in denen Radfahrer immer Vorfahrt haben. Diese Straßen sind besonders ruhig, weil die Autos nur im Schritttempo fahren dürfen. In diesen Straßen darf man sogar zu zweit nebeneinander radeln. Leider wissen das noch nicht alle Autofahrer und einige versuchen daher, die Radfahrer zu überholen. Das macht den Verkehr insbesondere auf engen Wohnstraßen gefährlich.

(Schluss) Es wäre wünschenswert, dass es mehr Fahrradstraßen gibt. Das würde den Schulweg vieler Schülerinnen und Schülern sicherer machen. Dazu müssen sich aber auch wirklich alle Autofahrer an die Vorgabe halten, auf dieser Straße langsam zu fahren und den Radlern Vorrang zu lassen.

Bewertung von Aufbau und Inhalt:
– je 1 Punkt für Einleitung, Hauptteil und Schluss = 3 Punkte
– bis zu 3 Punkte für jeden der drei in der Aufgabenstellung vorgegebenen Themenbereiche = 9 Punkte
– bis zu 3 Punkte für die Anordnung der Informationen in einer sinnvollen Reihenfolge = 3 Punkte
= insgesamt **15 Punkte** für Aufbau und Inhalt

Bewertung der Sprache:
– bis zu 2 Punkte für gut verständliche Formulierungen
– bis zu 2 Punkte für sachliche Sprache
– bis zu 4 Punkte für die Verwendung von Satzverknüpfungen
= insgesamt **8 Punkte** für gelungene Sprache

🙂 23–20 Punkte	😐 21–12 Punkte	🙁 11–0 Punkte
Prima! Du liegst beim Schreiben eines Informationstextes im guten bis sehr guten Bereich.	**Das Schreiben eines Informationstextes gelingt dir ganz gut, manches musst du noch üben.**	**Du solltest das Schreiben eines Informationstextes noch einmal gründlich üben.**

Test C – Grammatik

Seite 111

1　a *(für jedes Wortpaar ½ Punkt)*
　　stehen – fahren, eine – ein, bunt – alt, euer – unser, ich – wir, und – oder, an – in, nachts – samstags
　b *(für jede richtige Unterstreichung ½ Punkt)*
　　(Nomen, Artikel, <u>Adjektiv</u>, Verb, <u>Personalpronomen</u>, Possessivpronomen, Präposition, Konjunktion, Adverb)
　　stehen, eine, <u>bunt</u>, euer, <u>ich</u>, und, <u>an</u>, nachts

2　a, b *(für jeden richtig bestimmten Kasus 1 Punkt, für jedes richtig eingesetzte Personalpronomen 1 Punkt)*
　　(1) An Fußgängerampeln gibt es oft ein Ampelmännchen (A).
　　　　Es　　　　　　　　　　　　　　　　　　　　　　　　　　**ihm**
　　(2) Das Ampelmännchen (N) zeigt, ob wir warten oder gehen sollen. (3) Wir folgen dem Ampelmännchen (D) täglich auf unseren Straßen. (4) Das Bild des Ampelmännchens (G) wird manchmal durch eine Ampelfrau ersetzt.

3 **a, b** *(für jedes richtig unterstrichene Verb ½ Punkt, für jede richtig bestimmte Zeitform ½ Punkt)*
(1) stellte ... auf = **Präteritum** (2) hat ... installiert = **Perfekt** (3) waren ... explodiert = **Plusquamperfekt**

c *(für die richtige Form im Passiv 1 Punkt, für die richtige Zeitform 1 Punkt)*
1868 wurde die erste Ampel mit Gaslicht aufgestellt.

4 **a** *(für jedes richtig bestimmte Satzglied 1 Punkt)*

Ampeln	helfen	uns	täglich	im Straßenverkehr.
Subjekt	Prädikat	Dativobjekt	adv. Best. der Zeit	adv. Best. des Ortes

b *(für die passende Konjunktion 1 Punkt, für das Komma und das Prädikat am Satzende 1 Punkt)*
Ampeln sind nützlich, weil sie Unfälle verhindern.

😊 26–23 Punkte	😐 22–13 Punkte	🙁 12–0 Punkte
Du bist fit in der Grammatik! Prüfe, wo du dich weiter verbessern kannst.	**Du kennst dich schon ganz gut in der Grammatik aus.** Prüfe, welche Bereiche du noch üben musst.	**Du solltest viele Bereiche der Grammatik noch einmal üben.** Überlege, wie du vorgehen kannst.

Test D – Rechtschreibung

Seite 112

1 *(für jedes richtige Strategiezeichen ½ Punkt)*

Bleibt, Ländern, Menschen, Kindergärten, Spielplätze, Bäder, niemand, wird, Schild

Hände, desinfizieren, Mund, Handschlag, Urlaub, Flugreise, Ausland

2 **a** *(für jedes gefundene Fehlerwort 1 Punkt)*
1 ~~begrüsen~~/ begrüßen, ~~Füssen~~/Füßen   2 ~~Brifchen~~/Briefchen, sitzen/~~sietzen~~
3 gewöhnen/~~gewönen~~, wohlfühlen/~~wohlfülen~~

b *(für jedes richtig bestimmte Wort 1 Punkt)*
Verben mit unveränderlichen Wörtern: abklatschen (Abschnitt 1); austauschen (Abschnitt 2)
Zusammenschreibungen von Nomen: Schulalltag, Ellbogen (Abschnitt 1); Banknachbarn (Abschnitt 2)

3 *(für jedes gefundene Fehlerwort ½ Punkt)*
(Fehler in der Groß-/Kleinschreibung, Fehler in der Getrennt-/Zusammenschreibung, *korrigierte Schreibung*)
die einhaltung → **E**inhaltung, ausbruch → **A**usbruch, Hygiene Maßnahmen → *Hygienemaßnahmen,*
welt weit → *weltweit,* Kinder Gärten → *Kindergärten,* geschäfte → **G**eschäfte, die verbreitung → **V**erbreitung, die
Händewaschen → *die Hände waschen,* Arm Beuge → *Armbeuge,* meter → **M**eter, Halten → **h**alten, das tragen → **T**ragen

😊 25–20 Punkte	😐 21–12 Punkte	🙁 11–0 Punkte
Du bist ein Rechtschreibprofi! Sieh dir aber noch einmal die Stellen an, an denen du dich weiter verbessern kannst.	**Du kennst dich schon ziemlich gut in der Rechtschreibung aus.** Prüfe, welche Bereiche du noch trainieren musst.	**Du solltest viele Bereiche der Rechtschreibung noch einmal gründlich üben.** Überlege, wie du vorgehen kannst.

Auswertung Lernstandstest – Punkteverteilung

Nr.	Aufgabenstellung	Punkte	
A 1	Das Thema des Sachtextes erfassen	___ von 4 Punkten	
A 2	Wortbedeutungen erschließen	___ von 6 Punkten	
A 3	Den Textinhalt verstehen	___ von 6 Punkten	**Teil A (Lesen):**
A 4	Bilder den passenden Textabschnitten zuordnen	___ von 3 Punkten	☐ von insgesamt 25 Punkten
A 5	Den Textabschnitten Überschriften zuordnen	___ von 4 Punkten	
A 6	Zum Text Stellung nehmen	___ von 2 Punkten	
B 1	Einen Informationstext schreiben	___ von 23 Punkten	**Teil B (Schreiben):** ☐ von insgesamt 23 Punkten
C 1a	Wortarten erkennen	___ von 4 Punkten	
C 1b	Wortarten bestimmen	___ von 4 Punkten	
C 2b	Den Kasus von Nomen bestimmen	___ von 4 Punkten	**Teil C (Grammatik):**
C 2b	Personalpronomen verwenden	___ von 2 Punkten	☐ von insgesamt 26 Punkten
C 3b	Tempusformen unterscheiden	___ von 3 Punkten	
C 3c	Das Passiv verwenden	___ von 2 Punkten	
C 4a	Satzglieder erkennen und benennen	___ von 5 Punkten	
C 4b	Satzreihe und Satzgefüge unterscheiden; Konjunktionen verwenden	___ von 2 Punkten	
D 1	Rechtschreibstrategien anwenden	___ von 8 Punkten	
D 2a	Wörter mit Dehnungs-*h*, *i*-Lauten und *s*-Lauten	___ von 6 Punkten	**Teil D (Rechtschreibung):**
D 2b	Verben mit unveränderlichen Worten, Zusammenschreibungen von Nomen erkennen	___ von 5 Punkten	☐ von insgesamt 25 Punkten
D 3	Nomen großschreiben; Getrennt- und Zusammenschreibung von Wörtern	___ von 6 Punkten	

Gesamtpunktzahl   Summe: ☐ **von 99 Punkten**

🙂 **99–92 Punkte**	😐 **91–56 Punkte**	🙁 **49–0 Punkte**
Du liegst im guten bis sehr guten Bereich. Sieh dir trotzdem noch einmal die Stellen an, an denen du dich weiter verbessern kannst.	**Einiges gelingt dir gut, manches musst du aber noch üben.** Prüfe mit Hilfe der Punkteübersicht oben, welche Bereiche du noch trainieren musst.	**Du musst vieles wiederholen und noch einmal gründlich üben.** Prüfe mit Hilfe der Punkteübersicht oben, wo deine Fehlerschwerpunkte liegen. Überlege gemeinsam mit deiner Lehrerin oder deinem Lehrer, wie du vorgehen kannst, um dich zu verbessern.